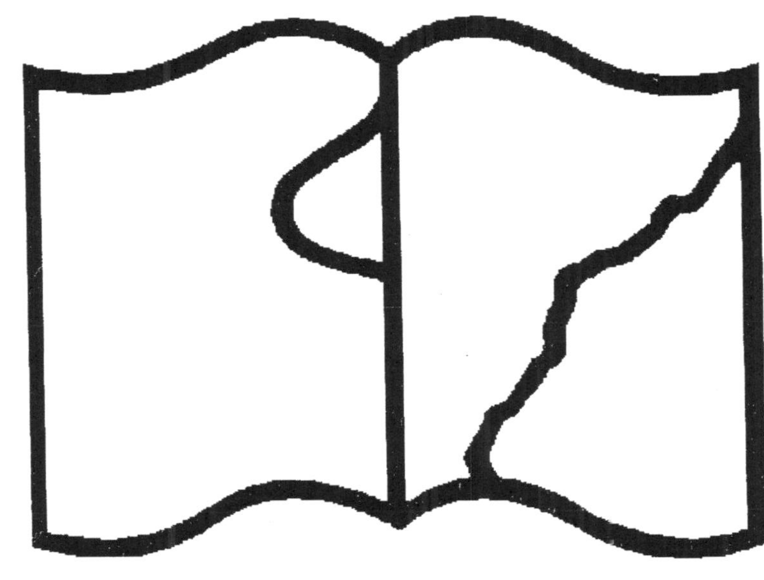

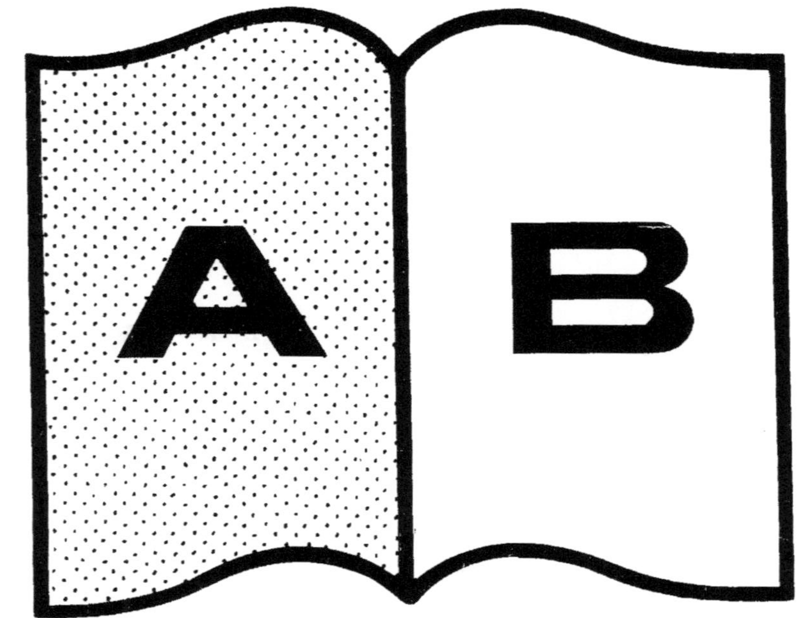

Contraste insuffisant

NF Z 43-120-14

ORGANISATION

ATTAQUE ET DÉFENSE

DES PLACES

PAR

J. SANDIER

CAPITAINE DU GÉNIE

AVEC 7 FIGURES ET 5 PLANCHES HORS TEXTE

BERGER-LEVRAULT ET Cie, ÉDITEURS

PARIS | NANCY

5, RUE DES BEAUX-ARTS | 18, RUE DES GLACIS

1896

ORGANISATION

ATTAQUE ET DÉFENSE

DES PLACES

NANCY. — IMPRIMERIE BERGER-LEVRAULT ET Cie.

ORGANISATION

ATTAQUE ET DÉFENSE

DES PLACES

PAR

J. SANDIER

CAPITAINE DU GÉNIE

AVEC 7 FIGURES ET 5 PLANCHES HORS TEXTE

BERGER-LEVRAULT ET Cie, ÉDITEURS

PARIS | NANCY
5, RUE DES BEAUX-ARTS | 18, RUE DES GLACIS

1896

AVERTISSEMENT

Nous avons réuni sous le titre : *Organisation, attaque et défense des places*, les trois articles publiés dans la *Revue du génie*, dans les numéros de novembre-décembre 1891, mai-juin 1894, septembre 1895.

Le présent volume est divisé de la manière suivante :

La première partie est relative à l'organisation, à l'attaque et à la défense des grandes forteresses situées en pays moyennement accidenté.

La deuxième partie se rapporte au même sujet concernant les positions d'arrêt situées en pays moyennement accidenté et en pays de montagne.

La troisième partie est une étude analogue aux précédentes sur les places du moment.

ORGANISATION

ATTAQUE ET DÉFENSE

DES PLACES

PREMIÈRE PARTIE

ORGANISATION, ATTAQUE ET DÉFENSE DES GRANDES FORTERESSES SITUÉES EN PAYS MOYENNEMENT ACCIDENTÉ

CHAPITRE PREMIER

DE L'ORGANISATION DES PLACES FORTES A L'ÉPOQUE ACTUELLE.

Il semble qu'une grande forteresse à l'époque actuelle doive se composer des éléments ci-après, indépendamment du noyau central entouré d'une enceinte continue et solide.

1° *Une position principale de défense*[1], comprenant des

1. Bien que l'on appelle généralement :
Première ligne de résistance . . . la position avancée de la défense,
Ligne principale de défense . . . la position principale,
Ligne de soutien ou 2e ligne . . . la position de soutien,
nous avons cru devoir adopter ces dernières dénominations dans notre texte, parce que le mot *ligne* peut faire naître de la confusion dans l'esprit du lecteur : ainsi la ligne principale de défense comprend une ligne

ouvrages points d'appui et, dans leurs intervalles, des batteries pour pièces de gros calibre destinées à soutenir la lutte avec l'attaque; puis des magasins aux approvisionnements pour l'artillerie, des abris pour les hommes, des voies ferrées étroites destinées à relier les divers éléments de la défense. Ces éléments doivent être construits, autant que possible, en totalité dès le temps de paix. Il en est de même des voies ferrées.

Au moment du besoin, on organisera à une distance convenable, en avant des ouvrages, une ligne d'infanterie comprenant un certain nombre de centres de résistance constitués par des tranchées, des ouvrages en terre, des bois, des villages, etc., mis en état de défense.

2° *Une position avancée,* installée à une distance de 2 000 à 3 000 m au plus de la position principale, sur les points où l'artillerie ennemie pourrait s'installer pour contrebattre efficacement celle de la défense et ses points d'appui permanents. Cette position est constituée par des centres de résistance organisés comme ceux de la ligne d'infanterie de la position principale et bien appuyés par cette position. Mais les travaux de mise en état de défense ne pourront être exécutés, le plus souvent, qu'à l'état de siège [1].

---

d'infanterie avec les batteries de protection, une ligne d'ouvrages (forts et ouvrages intermédiaires), une ligne de batteries de crête et une ligne de batteries hors de vue. Nous avons pensé qu'il était à la fois plus clair et plus commode de comprendre sous la dénomination de *position principale* l'ensemble de toutes ces lignes.

Il en est de même de la position de soutien.

Quant à la position avancée, elle comprend également plusieurs lignes. Chaque centre de résistance dont elle se compose peut être formé d'une avant-ligne, d'une ligne de combat et même d'une deuxième ligne.

1. C'est à l'état de siège seulement, qu'en France, le gouverneur a le droit d'occuper les propriétés publiques et privées pour y faire exécuter

3° *Une position de soutien,* organisée seulement dans la zone des attaques, entre le noyau central et la position principale de la défense. Elle est destinée à appuyer cette dernière et se compose des mêmes éléments. Mais, sauf quelques exceptions, les travaux ne seront exécutés que pendant le siège, lorsque la zone des attaques sera connue.

4° *Des magasins aux approvisionnements,* construits à l'épreuve. Les uns sont à l'intérieur des ouvrages et contiennent les munitions de l'artillerie et de l'infanterie de ces ouvrages ; les autres sont à l'extérieur. Chaque batterie de gros calibre est, autant que possible, munie de son magasin de batterie, approvisionné par le magasin de secteur correspondant ; les magasins de secteur tirent leurs munitions des magasins généraux placés à l'intérieur ou à proximité du noyau central.

5° Enfin *des voies de communication,* généralement des voies ferrées étroites, comme il a été dit ci-dessus.

Ajoutons que l'on devra faire un grand usage des obstacles passifs (inondations, longues lignes d'abatis bien flanqués, marécages, etc.) pour diminuer l'étendue du front à défendre.

Pour comprendre le caractère d'une telle organisation, il est nécessaire d'entrer dans quelques détails relatifs aux différentes positions ; c'est ce que nous allons faire aussi succinctement que possible [1].

---

les travaux de défense nécessaires. Mais, dans les places les plus exposées, il convient de faire, dès le temps de paix, les travaux les plus importants, tels que les déboisements et les voies de communication.

1. Nous renvoyons les lecteurs qui désireraient étudier à fond cette question au cours de M. le commandant Corbin : *Organisation des forteresses.*

Position principale de la défense.

La position principale de la défense doit satisfaire aux conditions suivantes :

1° Être suffisamment éloignée de la ville pour la mettre à l'abri du bombardement ;

2° Les points d'appui permanents doivent être assez rapprochés et disposés de telle façon que les intervalles qui les séparent puissent être battus non seulement par les pièces d'artillerie légères ou à tir rapide, mais encore par le fusil ;

3° L'artillerie placée dans les intervalles pour soutenir la lutte avec celle de l'attaque doit pouvoir produire tout son effet et être bien protégée par les points d'appui ; c'est-à-dire que le terrain, situé à bonne distance (1 000 à 1 200 m) en avant des batteries, doit être battu par les points d'appui ;

4° Les intervalles qui séparent les centres de résistance de la position avancée, leurs flancs et, si c'est possible, leurs abords doivent être sous le feu de la position principale située en arrière ;

5° Enfin, la position principale doit tenir sous son canon les voies de communication importantes qui conduisent à la place.

Nous allons examiner chacune de ces conditions.

Première condition : préserver la ville du bombardement. — On est généralement d'avis qu'il convient de maintenir l'artillerie de l'attaque à une huitaine de kilomètres du noyau central, pour mettre celui-ci à l'abri du bombardement, et que cette artillerie ne saurait s'approcher à moins de 2 000 m des ouvrages. D'après cela, la ligne des ouvrages devrait être à environ 6 000 m de la ville. C'est le chiffre que l'on adopte ordinairement, tout en remarquant que c'est surtout d'après le terrain qu'il faut déterminer les emplacements des points d'appui. Mais si l'on admet que la position avancée puisse être organisée à temps, elle est susceptible, ainsi que nous le verrons dans la suite, d'une longue résistance. Dans ces conditions, la position principale de la défense peut être plus rapprochée du noyau central. C'est un avantage qu'il ne faut pas négliger, car la garnison de la place ne peut jamais être très forte et l'on a tout intérêt à réduire l'étendue du front à défendre.

Deuxième condition : flanquement des intervalles. — Une enceinte continue est le seul obstacle vraiment sérieux pour arrêter les attaques de vive force et éviter les surprises. Mais établie sur la ligne des ouvrages déterminée comme nous venons de le dire, elle aurait un développement trop considérable et serait d'un prix trop élevé. Il faut faire en sorte de remplacer cette enceinte. On y arrive par le flanquement des intervalles des ouvrages et par l'utilisation des obstacles du sol.

Nous supposerons que, dans la place étudiée, les pièces destinées à battre les intervalles sont placées sous coupoles ou sous casemates bétonnées. Cette disposition permettra d'assurer le flanquement en tout temps. Les coupoles et les casemates sont situées sur les flancs des ouvrages. Elles abriteront des pièces à tir rapide et des pièces légères de campagne. Mais le flanquement doit pouvoir aussi s'exercer par le fusil, ce qui exige que les ouvrages ne soient pas éloignés les uns des autres de plus de 2 000 à 2 500 m.

Grâce à la disposition que nous venons de décrire, nous sommes en état de résister aux attaques de vive force tant que l'artillerie de l'attaque n'a pas détruit les organes de flanquement. Jusqu'à ce moment, nous avons rétabli, en quelque sorte, l'enceinte entre les points d'appui, au moyen des trajectoires des projectiles des pièces de flanquement. La résistance de la position principale dépendra de la valeur de ces points d'appui[1]. Ajoutons

1. Dans la place que nous décrivons, les points d'appui seront constitués de la manière suivante :

1° *Forts.* Les forts devront avoir des abris à l'épreuve pour la garnison et les munitions. Ils seront entourés d'un fossé flanqué par des coffres de contrescarpe reliés par une communication souterraine avec l'intérieur de l'ouvrage. Si le fossé ne peut être construit dans le roc, la contrescarpe sera revêtue, l'escarpe sera formée d'une grille. Les pièces de flanquement des intervalles seront protégées par des coupoles défilées aux vues et placées à cet effet à l'intersection des flancs et de la gorge. Cette disposition a l'avantage de faire servir les coupoles à la défense propre de l'ouvrage contre les mouvements tournants. On peut aussi disposer les pièces sous des casemates bétonnées établies sur les flancs des ouvrages. On ménagera sur les faces et les flancs des emplacements pour pièces à tir rapide à ciel ouvert, pour la défense de l'ouvrage.

Au lieu de placer dans les forts les pièces de gros calibre destinées à gêner l'investissement, nous croyons qu'il est préférable de les disposer dans des batteries annexes situées de chaque côté de l'ouvrage et comprises dans le même réseau de défenses accessoires. Nous trouvons à cette disposition les avantages suivants :

a) L'artillerie n'attire pas sur l'ouvrage les coups de l'artillerie ennemie.

b) Elle est tout aussi en sûreté qu'à l'intérieur du fort.

c) La construction de celui-ci est plus simple.

d) Cette artillerie n'a pas besoin d'être sortie à l'extérieur au moment de la lutte avec l'attaque.

2° *Ouvrages intermédiaires.* A notre avis, les ouvrages intermédiaires ou de deuxième ordre ne devraient différer des forts qu'en ce qu'ils ont des dimensions plus restreintes et qu'ils ne contiennent pas de l'artillerie de gros calibre pour la défense éloignée. Toutefois, par motif d'économie, que les défenses accessoires établies autour des batteries des intervalles dont nous allons parler, et que les obstacles du sol que l'on pourra utiliser, diminueront encore les vides des intervalles par lesquels l'assiégeant pourrait passer.

Nous n'insistons pas plus longtemps sur les avantages de cette disposition, nous les verrons mieux ressortir lorsque nous parlerons des procédés d'attaque et de défense.

Troisième condition : protéger l'artillerie de combat pour qu'elle puisse produire tout son effet. — L'artillerie de gros calibre, chargée de soutenir la lutte avec celle de l'attaque, doit être placée dans les intervalles des ouvrages et non à l'intérieur de ces derniers. Tout le monde est d'accord sur ce point. Nous ne donnerons de cette disposition qu'une raison, à notre avis, la plus importante : Si l'artillerie de combat était placée dans les ouvrages, elle y attirerait le feu de l'artillerie ennemie et les ouvrages seraient détruits avant d'avoir pu jouer le rôle que nous venons de faire connaître.

Nous n'entrerons pas ici dans beaucoup de détails ; nous nous bornerons à dire qu'il convient de dissimuler derrière les crêtes les batteries qui font du tir de plein fouet (155^{mm} long et 120^{mm}) ; on les appellera pour cette raison, *batteries de crête*. Quant à celles qui font du tir

on pourra supprimer les coffres de contrescarpe et adopter le profil dit triangulaire, c'est-à-dire le flanquement direct par les crêtes. Des réseaux de fil de fer s'étendront dans le fossé et sur une partie du talus de plongée. La contrescarpe sera revêtue. Il sera bon de placer à l'intérieur du réseau de fil de fer, à une certaine distance de la contrescarpe, une grille formant escarpe.

courbe (155^{mm} court, mortiers de 220^{mm}), elles seront avantageusement placées en arrière des plateaux et dérobées aux vues de l'extérieur : on les nommera *batteries hors de vue* (fig. 1 et 3). L'observation des coups et le réglage du tir se feront, pour les batteries de crête, au moyen d'observateurs placés sur les crêtes en avant et sur le côté des batteries ; pour les autres, on se servira de ballons captifs [1], ou bien d'observatoires situés à une certaine distance des batteries, auxquelles ils seront reliés par des communications téléphoniques.

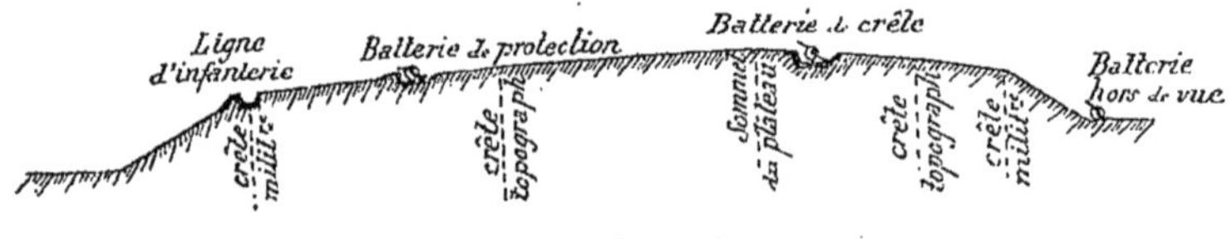

Fig. 1 ($\frac{1}{20000}$).

Le terrain situé à bonne distance d'attaque (1 000 à 1 200 m) en avant des batteries [2] (fig. 2), doit être battu

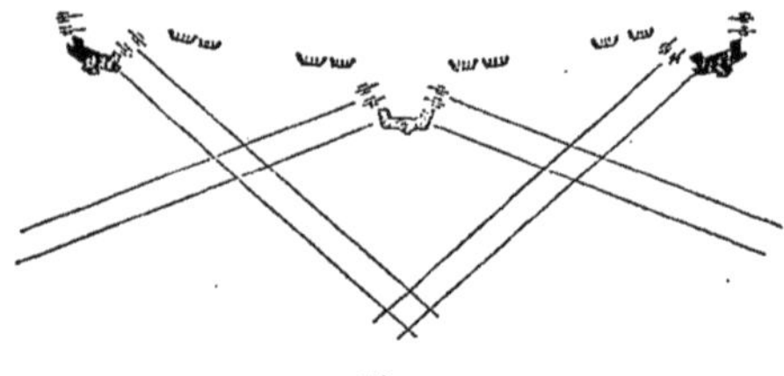

Fig. 2.

1. Il est difficile actuellement de fonder, sur l'emploi des ballons, un procédé de réglage du tir. On peut seulement, à l'aide d'ascensions préliminaires, chercher à découvrir les batteries de l'attaque les mieux dérobées aux vues ; on les contre-battra ensuite soit au moyen du tir progressif, soit à l'aide d'un transport de tir. De nouvelles ascensions en feront connaître le résultat.

2. Les règlements admettent que l'artillerie est sérieusement compromise, lorsque les troupes d'infanterie se rapprochent à moins de 1 000 m des batteries.

par les points d'appui. Cette condition, jointe à celle de rendre les ouvrages le moins visibles de loin, les fera placer plutôt à l'arrière qu'à l'avant des plateaux et les pentes tournées du côté de l'ennemi seront battues par les centres de résistance de la ligne d'infanterie de la position principale (fig. 3). On organisera cette ligne au moment du besoin. — On constituera un certain nombre de centres de résistance[1] au moyen de bouquets de bois, de localités, d'obstacles du sol mis en état de défense. A leur défaut, on construira des ouvrages en terre aussi solides que possible. — Les intervalles et les abords des flancs de ces centres de résistance seront bien battus par les ouvrages permanents et l'artillerie située entre ces ouvrages. Sur les flancs des points d'appui de la ligne d'infanterie, on

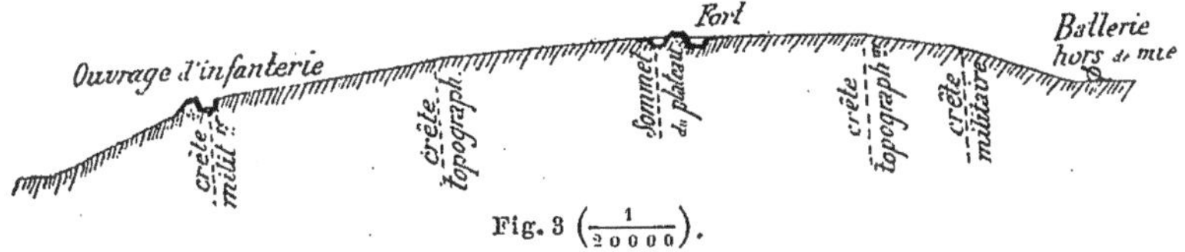

Fig. 3 $\left(\frac{1}{20000}\right)$.

placera des pièces de campagne qui auront des abris distincts de leurs emplacements de tir. Elles armeront des batteries dites de protection.

Ainsi, les ouvrages permanents constituent les bastions de la position principale et l'artillerie de combat est sur les courtines. Quant aux centres de résistance de la ligne

1. Voir dans la troisième partie les principes relatifs à l'organisation des centres de résistance formés par des ouvrages de campagne, des villages et des bois.

Si l'on possède des tourelles transportables, elles seront utilement employées pour renforcer ces centres de résistance. On les disposera sur leurs flancs dans des emplacements masqués aux vues de l'attaque.

d'infanterie, ce sont des sortes de demi-lunes ou de ravelins jetés en avant.

Quatrième condition : bien appuyer les centres de résistance de la position avancée. — Nous allons voir, à propos de la position avancée, toute l'importance de cette condition.

Cinquième condition : tenir les principales voies de communication qui conduisent à la place. — On disposera encore la position principale de la défense de façon à tenir sous son canon les voies de communication importantes qui conduisent à la place. L'artillerie destinée à remplir ce rôle et à agir pendant la période de la lutte éloignée (défense active et investissement) sera avantageusement placée dans des batteries annexes établies sous la protection immédiate des ouvrages.

La position avancée.

Il est rare que la position avancée soit établie sur tout le pourtour de la place ; il n'y aura peut-être pas partout des emplacements favorables à l'attaque aux distances de 2 000 à 3 000 m de la position principale. Si, par exemple, le terrain en avant de cette position est une plaine découverte, très dominée, nous ne voyons pas la nécessité d'y organiser d'autres points d'appui que ceux qui sont nécessaires aux avant-postes.

Il peut aussi arriver qu'à l'aide d'inondations, de marécages, de longues lisières de bois organisées défensivement avec des postes d'écoute établis tous les 200 ou 300 m pour la surveillance, on constitue des obstacles passifs qui nécessiteront peu de monde pour leur garde et qui auront pour résultat de limiter l'étendue du front défensif.

Mais partout où, dans un rayon de 2 000 à 3 000 m de la position principale, il existerait des points où l'attaque pourrait avantageusement s'établir, il faudrait les occuper. La ligne ainsi constituée ne pourra pas être continue; l'effectif de la garnison ne le permettra pas. On organisera donc un certain nombre de points d'appui ou centres de résistance constitués comme ceux de la ligne d'infanterie de la position principale. Les intervalles devront être au plus de 2 000 m, afin qu'ils puissent, au besoin, se flanquer par leur infanterie. Mais ils devront toujours être battus par la position principale située en arrière ; il en sera de même de leurs flancs et, si c'est possible, de leurs abords. En avant d'eux s'étendront les avant-postes, le plus souvent incomplets. Des rondes et des patrouilles parcourront les intervalles ; des postes détachés seront établis aux points qu'il y aurait lieu de surveiller tout particulièrement. Enfin, on fera usage, autant qu'on le pourra, des obstacles passifs (inondation, marécages, abatis, etc.) dans ces intervalles. Les défenses accessoires joueront, bien entendu, un rôle important dans la constitution des points d'appui.

Des pièces de campagne seront placées sur les flancs des centres de résistance.

Caractère de cette organisation. — Supposons que la position avancée dont A et B (fig. 4) sont deux centres de résistance soit à une distance moyenne de 2 500 m de la position principale : Soient C et D deux ouvrages entre lesquels se trouvent les batteries de crête *a*, et, en arrière, les batteries hors de vue *b*.

Grâce à l'occupation des centres de résistance A et B, l'ennemi ne pourra s'en approcher à moins de 2 500 m (portée efficace des pièces de campagne de la position

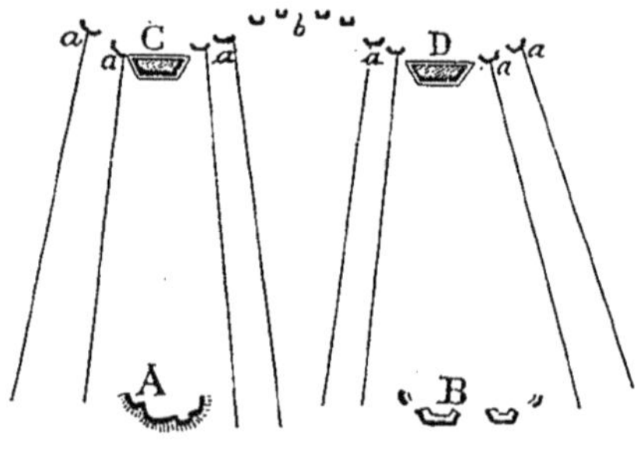

Fig. 4.

avancée) ; c'est-à-dire qu'il ne pourra pas établir ses pièces de siège à moins de 2 500 m de cette position, sous peine de se voir constamment inquiété par une artillerie mobile qui, après avoir agi en se portant sur ses positions de tir, se retirera en arrière dans ses positions d'abri. La nuit, l'effet produit par cette artillerie sera encore plus grand.

L'assiégeant sera maintenu ainsi à une distance de 5 000 m au moins de l'artillerie de la position principale. A cette distance, il ne peut espérer détruire cette artillerie qui appuie efficacement les centres de résistance de la position avancée ; ceux-ci pourront, de cette façon, tenir longtemps, comme nous le verrons dans la suite.

Position de soutien et noyau central.

Nous dirons peu de chose de la position de soutien. Établie entre le noyau central et la position principale, elle appuie la défense de cette dernière. De sorte qu'après la chute de la position principale, si la position de soutien est organisée, l'assiégeant se trouve dans des conditions analogues à celles du début du siège.

La position de soutien organisée, comme nous le savons, sur le front d'attaque, se compose des mêmes éléments que la position principale. Mais les points d'appui construits, à quelques exceptions près, au moment du besoin, seront de simples ouvrages de campagne dont la résistance ne peut être de longue durée.

Les ailes de la position de soutien s'appuient aux ouvrages non attaqués de la position principale.

Quant au noyau central, nous verrons, quand nous parlerons de la défense des places, qu'il peut encore être appelé à jouer un rôle important, à la condition de prendre certaines dispositions que nous ferons connaître.

Magasins aux approvisionnements et voies de communication.

Chaque batterie, indépendamment des niches à projectiles et à gargousses qu'elle contient, doit encore être munie d'un *magasin de batterie,* situé à peu de distance en arrière, défilé le mieux possible et contenant des munitions confectionnées pour un ou deux jours de feu.

Le terrain de la place étant divisé en *secteurs*, on devra établir dans chacun de ces secteurs *un* ou *plusieurs magasins* que l'on placera de préférence derrière la position de soutien, quitte à établir entre eux et les batteries, si les besoins du service l'exigent, de grands *dépôts intermédiaires*. Les *magasins de secteur* devront servir à confectionner et à contenir les munitions pour les pièces du secteur, à raison de 1 ou 2 jours de feu.

Enfin, des *magasins généraux*, placés à l'intérieur ou à proximité du noyau central, en dehors des secteurs d'attaque, contiendront le complément des approvisionnements nécessaires et serviront à ravitailler les magasins de secteur.

De *bonnes voies de communication*, autant que possible des voies ferrées étroites, relieront entre eux les divers éléments de la défense, c'est-à-dire les ouvrages, les magasins de batterie et les batteries, les dépôts intermédiaires, les magasins de secteur et les magasins généraux. La traction des wagons se fera à l'aide de chevaux ou de locomotives.

Ce qui caractérise l'organisation que nous venons de décrire, c'est l'existence de positions successives s'appuyant deux à deux, puis la dispersion de l'artillerie de combat dans les intervalles des ouvrages permanents et enfin le rôle considérable attribué à l'infanterie dans la défense des positions occupées.

CHAPITRE II

ATTAQUE ET DÉFENSE D'UNE PLACE DONT L'ORGANISATION DÉFENSIVE N'EST PAS ACHEVÉE.

Nous allons d'abord considérer le cas d'une place dont l'organisation défensive n'est pas complète. C'est, par exemple, une place frontière attaquée à l'improviste deux ou trois jours après la déclaration de guerre [1].

Dans ces conditions, la situation de la place est à peu près la suivante :

La position principale de la défense est complètement organisée en ce qui concerne les ouvrages, les magasins, les principales batteries de crête, les abris à l'épreuve, les voies ferrées. Mais la ligne d'infanterie de cette position ne peut être constituée en totalité ; il est impossible, en effet, de mettre en état de défense, dès le temps de paix, les villages et les lieux habités. Ce que nous disons des centres de résistance de cette ligne d'infanterie s'appliquera à plus forte raison à ceux de la position avancée. Seuls les déboisements auront été faits complètement ; nous le supposons du moins.

Quant à la garnison, il est à craindre qu'elle ne soit

1. Nous remarquerons que ce cas n'est pas impossible. Dans l'état militaire actuel de l'Europe, il est probable que la déclaration de guerre résultera du fait accompli : l'invasion du territoire de l'un des belligérant par l'autre, sans plus de formalités.

guère supérieure à celle du temps de paix; toutes les troupes de complément ne seront peut-être pas arrivées dans la place, ou bien elles ne seront pas encore équipées, ni armées lorsque l'attaque se produira.

L'armement est sans doute suffisant, mais toutes les pièces ne seront pas en batterie et leurs approvisionnements ne seront peut-être pas en quantité suffisante dans les magasins de secteurs et de batteries.

Comme il convient de préciser et de raisonner sur un exemple, nous supposerons qu'il s'agit d'une place comprenant en tout 16 ouvrages (8 forts et 8 ouvrages intermédiaires). La garnison de ces ouvrages nécessitera au moins 4 bataillons, à raison de 1 compagnie par ouvrage. Il restera peut-être 5 à 6 bataillons pour la défense de *tous* les intervalles; ce qui donne un peu plus de 700 hommes par intervalle de fort (de 4500 à 5000 m). C'est à peine suffisant pour la surveillance.

Il ne faut pas compter qu'avec l'effectif restreint de la garnison, on pourra constituer une réserve générale.

En ce qui concerne l'artillerie, nous admettrons que, dès le temps de paix, il y a, dans chaque intervalle de forts, une vingtaine de pièces de tous calibres et que les ouvrages ont à demeure les pièces destinées à la défense éloignée, à leur défense propre et au flanquement des intervalles, c'est-à-dire une quinzaine de pièces, non compris celles du flanquement des fossés.

Enfin, à la tête de la place se trouve un gouverneur, assisté de son conseil de défense.

N'oublions pas que, la place étant attaquée à l'improviste, il n'a pas été possible de tendre des inondations, de constituer des obstacles passifs et qu'elle est attaquable de tous les côtés à la fois.

Si nous ne nous trompons pas, nous avons de bonnes raisons de croire que l'ennemi n'attendra pas qu'une place, dont la possession lui est indispensable, soit complètement organisée pour en faire le siège. Il se présentera en force devant cette place, le plus tôt possible, et tentera une attaque brusquée que nous allons analyser.

ATTAQUE BRUSQUÉE.

L'idée de la méthode que nous allons décrire est due au général von Sauer, de l'artillerie bavaroise[1]. Nous allons en faire une application à la place que nous avons décrite, sans nous astreindre à suivre dans tous ses détails la méthode du général von Sauer. Nous retenons seulement son idée.

A. — Conduite de l'attaque.

1° ATTAQUE DE LA POSITION PRINCIPALE DE LA DÉFENSE.

Nous distinguerons les périodes suivantes : préparation de l'attaque, exécution de l'attaque, occupation de la position ou retraite.

1. Voir, pour les détails de la méthode, la traduction des conférences du général von Sauer par M. le capitaine du génie L. Bertrand (aujourd'hui commandant).

I. — Préparation de l'attaque.

Forces nécessaires. — Il faut d'abord rassembler les forces nécessaires à l'attaque. Von Sauer calcule l'effectif des troupes d'infanterie à raison de 1 homme par mètre courant de front abordable. Dans le cas de la place qu'il suppose attaquée, l'infanterie est celle de 2 corps d'armée. Mais la garnison de cette place est 5 à 6 fois plus forte que celle que nous considérons ici. De sorte que, dans le cas actuel, nous pouvons nous contenter de l'infanterie d'un corps d'armée.

Artillerie nécessaire. — A cette infanterie, nous ajouterons l'artillerie de campagne et de forteresse nécessaire, c'est-à-dire l'artillerie de campagne de 2 corps d'armée donnant un total de 192 à 216 pièces et celle d'un régiment allemand d'artillerie à pied donnant 96 pièces mobiles de siège (canons et mortiers de 15^{cm} et mortiers de 21^{cm})[1].

Dans la place étudiée, nous avons 8 intervalles de forts. Nous pouvons opposer un régiment à chaque intervalle. Il faudra constituer, en outre, une réserve du corps de siège. Nous augmenterons celui-ci d'une brigade ou d'une division, suivant le cas. Chaque colonne d'attaque, ayant pour objectif un intervalle de forts, sera pourvue de 27 pièces de campagne et de 12 pièces de siège.

Enfin, ces colonnes seront accompagnées de pionniers

1. Les effectifs absolus ont moins d'importance que les effectifs relatifs. Il est clair que l'assiégeant calculera les forces du corps de siège et son armement, d'après la garnison et l'armement de la place, de façon à l'écraser par sa supériorité numérique.

et munies des engins d'escalade et de destruction nécessaires.

L'attaque a lieu sur tous les intervalles à la fois.

Le corps de siège sera amené le plus vite possible à proximité de la place ; mais on le tiendra en dehors de ses vues et de la portée de son canon. Puis, on fera la reconnaissance.

Reconnaissance. — Il faut reconnaître surtout les chemins et les positions qui permettent à l'artillerie de produire tout son effet. On les choisira dans un rayon de 2 000 à 3 000 m de la position principale de la défense. On cherchera aussi à voir quelle est l'organisation de cette position, quelles sont les dispositions prises par le gouverneur.

Pendant que s'exécute la reconnaissance, on occupe les chemins qui conduisent à la place ; on l'observe avec soin, sans cependant l'investir ni la cerner.

Marche d'approche. — La reconnaissance achevée, on forme les colonnes d'attaque ; puis on les met en marche, chacune d'elles ayant un intervalle déterminé pour objectif.

Investissement. — Par suite de la marche convergente des colonnes vers la place, l'investissement de celle-ci est obtenu. D'ailleurs, sa garnison n'est pas à craindre : son faible effectif ne lui permet pas de se livrer à des opérations extérieures.

Dès que les colonnes d'attaque seront en vue de la position principale, celle-ci va tirer sur elles à grande distance avec ses pièces à longue portée. Elles pourront, par suite, être arrêtées dans leur marche. Alors on fera avancer des pièces de campagne jusqu'à une distance de 3 000 m au plus de la position principale. On utilisera, à cet effet, les chemins que la place tient le moins sous son canon. Les pièces seront placées à intervalle de combat, puis on les dételera et un tir d'obus à mitraille sera dirigé sur toutes les pièces de la défense qui tirent sur les troupes. Grâce à leur supériorité comme nombre (et comme rapidité de tir en comparaison avec les pièces de gros calibre)[1] et au faible but que présente chaque pièce, on espère réduire au silence l'artillerie de la défense.

Les colonnes continueront alors à s'avancer jusqu'à 2 000 m. La nuit, le feu sera continué pour inquiéter le défenseur et empêcher les servants des pièces de venir occuper leurs postes de combat, puis on construira et on armera les batteries de siège.

II. — Exécution de l'attaque.

Au jour, le feu sera ouvert sur les points d'appui et sur les batteries de la défense. On emploiera le tir courbe pour obliger le défenseur à abandonner ses parapets et à se réfugier sous ses abris. Au bout d'un certain temps, ce résultat sera acquis, grâce à la supériorité de l'assiégeant. Les colonnes s'approchent alors à portée de fusil. Le feu d'artillerie cesse un instant.

A ce moment, deux cas peuvent se présenter[2] :

---

1. A la distance de 3000 m, on n'a pas à craindre les pièces à tir rapide destinées à la défense propre des ouvrages.
2. Ce détail n'est pas dans von Sauer.

1° Les organes de flanquement des intervalles insuffisamment protégés n'ont pas résisté aux quelques obus-torpilles lancés par l'assiégeant. Ce flanquement n'est plus assuré d'une manière efficace. Pour s'en rendre compte, il faudra faire de fausses attaques. Si le défenseur vient occuper ses parapets, on rouvre le tir courbe, de manière à l'obliger à rentrer de nouveau sous ses abris. On recommence plusieurs fois cette manœuvre qui consiste à cesser le feu et à le rouvrir.

Les travailleurs s'avancent ensuite pour faire disparaître les obstacles et disposer les engins pour le franchissement des fossés. Le tir est continué pendant ce temps pour empêcher le défenseur de venir contrarier ces opérations, mais on a soin de le régler de façon à ne pas atteindre les travailleurs.

Lorsque les préparatifs sont achevés, les colonnes s'avancent à l'assaut et, pendant qu'une partie de la troupe cherche à pénétrer dans les points d'appui, le plus grand nombre force les intervalles et tourne les ouvrages[1].

2° Mais si les organes de flanquement des intervalles ont résisté, si les points d'appui sont entourés d'obstacles sérieux bien flanqués, l'attaque brusquée a peu de chance de réussir. Remarquons, en effet, qu'en ce qui concerne les ouvrages, la brèche n'est pas faite ; il faut franchir le fossé après avoir détruit les défenses accessoires du glacis. Cette opération du franchissement, au moyen de ponts volants, n'est pas toujours possible. Elle ne saurait avoir lieu si les fossés sont bien flanqués. (Les expé-

---

1. Cette partie de la méthode est différente de celle de von Sauer.

riences faites à la redoute de Bois-d'Arcy, en 1888, semblent le démontrer.)

Quant à l'intervalle entre deux forts consécutifs (fig. 2), il est occupé, d'abord par un ouvrage intermédiaire flanquant aussi cet intervalle, ainsi que nous l'avons vu ; puis par des obstacles formés par des bouquets de bois, des lieux habités situés en avant, par des réseaux de fil de fer autour des batteries et des tranchées. Il reste peu de passages pour les troupes de l'attaque. Elles devront alors se présenter en colonnes et non en ligne, disposition défavorable qui ne permet pas à l'assiégeant de profiter de sa supériorité numérique.

Si le flanquement des intervalles est bien assuré, il nous semble difficile qu'une attaque brusquée puisse réussir dans ces conditions, surtout si la garnison est vigilante et se garde bien, car ses pièces de campagne tenues en réserve, placées en arrière des flancs et protégées par le massif des ouvrages, couvriront de mitraille les colonnes d'assaut. L'assiégeant est obligé de se retirer, parce qu'il n'a pas assez d'approvisionnements (ceux-ci ne sont pas assurés par un service de parc régulièrement constitué) pour arriver à détruire les casemates bétonnées ou les coupoles qui abritent les pièces de flanquement des intervalles, ni pour endommager sérieusement les points d'appui.

III. — Occupation de la position ou retraite.

Dans le premier cas, si l'assiégeant est victorieux, il occupera la position principale et la retournera contre le défenseur ; puis il partira de là pour attaquer le noyau central, si le défenseur a pu s'y retirer.

Dans le cas où l'attaque a échoué, l'assiégeant devra battre en retraite. Cette opération aura lieu sous la protection de l'artillerie de campagne restée en position dans le but de contenir le défenseur. Celui-ci ne sera peut-être pas trop à craindre, parce qu'il n'a pas avantage à dégarnir ses lignes pour poursuivre son adversaire ; le faible effectif de sa garnison ne le lui permet pas.

2° ATTAQUE DU NOYAU CENTRAL OU D'UNE POSITION INTERMÉDIAIRE.

Si le défenseur a pu se retirer sur une position intermédiaire ou sur le noyau central, l'assiégeant répétera devant ces positions les mêmes opérations que devant la position principale. Nous ferons remarquer toutefois, qu'en ce qui concerne le noyau central, grâce à l'enceinte continue qui l'entoure, une attaque brusquée est très difficile, car il faut faire brèche et passer le fossé. Or, l'assiégeant n'a pas un système de ravitaillement assuré comme dans une attaque régulière. Les approvisionnements lui font défaut surtout pour arriver à un résultat certain par le bombardement de la ville. Aussi sommes-nous convaincu que les enceintes sérieusement construites ont encore beaucoup de valeur.

B. — Conduite de la défense.

1° DÉFENSE DE LA POSITION PRINCIPALE.

Dès le temps de paix, l'organisation défensive des places de première ligne devrait être aussi complète que possible. Sauf les mises en état de défense de villages, il ne devrait plus rien rester à faire. Les déboisements nécessaires devront tous être achevés.

S'il n'est pas possible, dès le temps de paix, de créer des obstacles passifs pour diminuer l'étendue du front à défendre, il faut tout préparer pour que les inondations puissent être tendues à la première alerte. Quant aux bois dont les lisières extérieures doivent former obstacle à la marche de l'ennemi, rien n'empêche de les rendre impraticables sur une vingtaine de mètres, en réunissant les arbres par des fils de fer. Il ne resterait plus, au moment du besoin, qu'à interrompre les voies de communication qui les traversent.

Mais le point délicat, c'est la garnison. Il ne semble pas possible de l'avoir en totalité dans la place pendant le temps de paix. Le noyau de troupes actives devrait toutefois rester à demeure et toutes les dispositions devront être prises pour la prompte mobilisation des troupes de complément [1].

1. Il y a lieu d'espérer que les troupes à effectifs renforcés, stationnées près de notre frontière du nord-est, arrêteront les premiers corps ennemis venant de l'Alsace-Lorraine. En s'appuyant aux régions fortifiées de Verdun-Toul et d'Épinal-Belfort, elles menaceront les flancs de l'armée qui voudrait pénétrer chez nous. Dans ces conditions, nos places assureront la mobilisation et la concentration de nos armées.

Mais puisque nous avons considéré le cas le plus défavorable, nous continuerons à supposer que la garnison de guerre n'est pas complète. Voyons quelle doit être la conduite de la défense.

Elle ne peut se livrer à des opérations actives; elle est insuffisante pour défendre le terrain extérieur. Elle doit rester sur la position principale. Les garnisons des points d'appui y seront à demeure, les troupes de secteurs seront portées à la première alerte à leurs postes de combat. Elles seront couvertes par des sentinelles. Des rondes et des patrouilles exerceront leur surveillance jusqu'à 2 000 ou 3 000 m en avant des ouvrages; elles auront soin de ne pas se faire couper de la place. Des intelligences devront être ménagées avec les habitants des villages voisins afin d'être prévenu à aussi grande distance que possible de l'arrivée de l'ennemi. Tous les intervalles devront être pourvus de l'artillerie nécessaire à longue portée et de pièces légères pour tirer sur les colonnes d'assaut. On aura aussi des pièces courtes (155^{mm}) pour contre-battre celles de l'attaque qui feront du tir courbe. Les pièces de flanquement des intervalles et des fossés seront tenues prêtes à tirer; les approvisionnements en munitions seront complets.

Dès que les colonnes d'attaque arriveront entre 5 000 et 6 000 m de la position principale, on ouvrira le feu contre elles avec les pièces à longue portée. Dans le cas où elles profiteraient de la nuit pour s'avancer, on s'éclairerait à aussi grande distance que possible et on les couvrirait de mitraille. Au delà de 4 500 m, l'assiégeant n'est pas en état de répondre à la défense. Il n'a à sa disposition que des pièces de campagne et des pièces courtes de siège dont la précision n'est plus suffisante pour gêner sérieusement la défense à cette distance. C'est un avantage dont le gouverneur doit tirer parti.

Si, malgré tout, l'assiégeant parvient à s'avancer jusqu'à 3 000 m de la position principale, le défenseur devra faire tous ses efforts pour contrarier l'établissement de ses batteries. Ses pièces de campagne interviendront à ce moment. Mais si l'assiégeant parvient à engager la lutte avec succès, il convient de cesser le feu et de retirer les pièces mobiles. On repérera les emplacements qu'il occupe et on les contre-battra pendant la nuit pour empêcher la construction des batteries de siège. Le terrain sera éclairé, dans ce but, à la lumière électrique.

Si l'assiégeant ouvre le feu au jour, il sera difficile de lui répondre avec les batteries de crête, mais les batteries hors de vue bien dissimulées pourront agir, surtout si, à l'aide de bons observatoires (de ballons, par exemple), on a pu repérer les emplacements des batteries de même nature de l'attaque.

Continuons à supposer que l'assiégeant arrive à réduire au silence l'artillerie de la défense. Toutes les dispositions devront être prises pour recevoir l'assaut. A cet effet, les troupes d'infanterie éviteront avec soin de venir occuper trop tôt les parapets : elles se tiendront dérobées aux vues et abritées, autant que possible. Les pièces de gros calibre cesseront leur feu, les pièces de campagne, placées en arrière des flancs des ouvrages et bien dissimulées, seront disposées de façon à prendre d'écharpe les colonnes d'assaut.

Lorsque les observateurs placés dans les ouvrages[1] annonceront l'arrivée de ces colonnes, l'alerte sera donnée et quand elles seront à 400 ou 500 m au plus des points d'appui, tous les défenseurs occuperont leurs postes de combat et un feu rapide d'infanterie sera ouvert à ce moment. Les pièces de la défense propre des ouvrages agiront en même temps, ainsi que celles qui battent les intervalles.

En n'occupant les parapets qu'au moment que nous venons d'indiquer, les troupes d'infanterie n'ont pas à redouter l'artillerie de l'attaque à grande distance. Celle-ci n'a pas réglé son tir, puisque le défenseur ne s'est pas encore montré, et elle risquerait d'atteindre les colonnes d'assaut. Von Sauer en convient.

Poursuite. — Si l'attaque échoue, il sera difficile de poursuivre l'assiégeant, mais l'artillerie légère interviendra à ce moment et les pièces à longue portée tireront à mitraille sur les colonnes en déroute.

Retraite. — Si, au contraire, l'attaque réussit, le défenseur se retirera aussitôt que possible sur le noyau central ou sur une position intermédiaire, s'il en existe une.

2° DÉFENSE DU NOYAU CENTRAL OU D'UNE POSITION INTERMÉDIAIRE.

La défense d'une position intermédiaire entre le noyau central et la position principale sera conduite comme celle de cette dernière.

1. Si c'est possible, dans des observatoires à l'épreuve.

Il en sera de même de la défense du noyau central, avec la différence que nous avons indiquée à propos de l'attaque. Il faudra donc prendre toutes les précautions nécessaires pour supporter un bombardement qui ne saurait être de longue durée, exercer une surveillance active sur les abords de la fortification et assurer un bon flanquement des fossés.

CHAPITRE III

ATTAQUE ET DÉFENSE D'UNE PLACE DONT L'ORGANISATION DÉFENSIVE EST COMPLÈTE.

Nous allons maintenant considérer l'attaque et la défense d'une place dont l'organisation est complète. Parce que la place n'est pas attaquée sitôt après la déclaration de guerre, les troupes complémentaires ont pu arriver à temps, tous les travaux de mise en état de défense ont été exécutés[1].

Composition et répartition de la garnison. — Dans ces conditions, les troupes de secteur occupent les centres de résistance de la position avancée, ainsi que les ouvrages permanents de la position principale. Le noyau central comporte aussi une garnison particulière. La réserve générale comprenant des troupes de toutes armes est constituée. La garnison totale de la place est ainsi divisée en trois parties : *garnison des ouvrages permanents, troupes de secteurs et réserve générale.*

Dans les calculs auxquels nous nous sommes livré à propos des exemples d'organisation défensive que nous avons traités, nous sommes arrivé aux chiffres suivants relatifs à la composition de la garnison :

Environ 30 bataillons d'infanterie (y compris les auxi-

1. Cette circonstance se présentera toujours pour les places de deuxième ligne.

liaires nécessaires à l'artillerie) ; 4 000 à 5 000 artilleurs ; 4 à 5 compagnies du génie ; 3 000 à 4 000 hommes des services administratifs, de santé, de la gendarmerie, etc. ; soit un total de 40 000 hommes. C'est un maximum qu'il convient de ne pas dépasser pour ne pas trop distraire des troupes des armées en campagne et pour ne pas se trouver dans la nécessité d'accumuler dans les places des approvisionnements en vivres trop considérables.

Cette garnison est supposée répartie comme il suit au début du siège :

1 compagnie dans chaque fort ou ouvrage intermédiaire, ce qui donne, pour 16 ouvrages, 16 compagnies ou	4 bataillons.
1 bataillon par intervalle d'ouvrages (de 2 000 à 2 500 m), et, pour 16 intervalles.	16 —
Pour la garde de l'enceinte	2 —
Pour fournir les auxiliaires de l'artillerie. . .	2 —
A la réserve générale.	6 —
Total. . . .	30 bataillons.

Plus tard, lorsque les secteurs d'attaque seront déterminés, on les renforcera au moyen de troupes tirées d'autres secteurs.

Composition et répartition de l'armement. — En ce qui concerne l'armement, toujours d'après les exemples traités, nous trouvons qu'une grande place devrait avoir de 500 à 600 pièces de tous calibres. D'après les idées actuelles, la moitié environ de cet armement se composerait de pièces de gros et de moyen calibre et l'autre moitié, de pièces de campagne et de pièces à tir rapide.

Nous admettrons que, par suite de la présence d'obstacles passifs, la place n'est abordable que sur 6 intervalles de forts et que l'armement des ouvrages est suffisant dans les intervalles inabordables pour en assurer la garde.

L'armement pourra être réparti, au début des opérations, de la manière suivante :

Chaque fort contiendra : 10 pièces légères ou à tir rapide pour le flanquement des intervalles et sa défense propre et 10 pièces pour le flanquement des fossés, soit 20 pièces par fort, et, pour 8 forts. . .	160 pièces.
A chaque ouvrage intermédiaire, nous affecterons 8 pièces pour le flanquement des intervalles et pour sa défense propre (nous admettrons que l'on a adopté le profil triangulaire, c'est-à-dire le flanquement direct par les crêtes), soit pour 8 ouvrages.	64 —
Chaque intervalle abordable de forts recevra 20 pièces de gros calibre ; soit pour 6 intervalles. . .	120 —
et 20 pièces de moyen et petit calibre ; soit pour 6 intervalles.	120 —
(Les pièces de 95, 90, 80 seront en grande partie sur la position avancée.)	
Les pièces affectées à la réserve générale seront calculées à raison de 4 pièces de campagne par 1 000 hommes. Soit pour 6 000 hommes	24 —
Sur l'enceinte, nous placerons 2 pièces par bastion ; ce qui donne, pour une enceinte de 16 bastions.	32 —
L'armement disponible comprendra	60 —
Total	580 pièces.

En résumé, en comptant l'armement des ouvrages capable d'agir sur le terrain extérieur, chaque intervalle abordable de forts est défendu par 58 pièces (10 pièces provenant des deux forts[1], 8 pièces de l'ouvrage intermédiaire et 40 pièces de l'intervalle).

Une attaque brusquée peut-elle réussir? — Devant une telle place, nous ne pensons pas qu'une attaque brusquée puisse réussir d'emblée. En effet, la réserve générale de la garnison va faire, au début, de la défense active; c'est-à-dire que des détachements tirés de cette réserve vont défendre à bonne distance de la place, mais sans perdre la protection de son canon, les principales voies de communication qui y conduisent. L'assiégeant sera donc signalé à grande distance et ne pourra, par suite, surprendre le défenseur. Ensuite, il sera arrêté par les détachements de la réserve générale. Ces détachements ne s'engagent pas à fond, mais, bien appuyés par le canon de la place, ils tiennent assez longtemps pour arrêter les avant-gardes ennemies et obliger le gros des troupes à intervenir. Après quoi, ils se replient sur la place en détruisant les ouvrages d'art, d'après les instructions du gouverneur. Tout cela va bien retarder l'arrivée des colonnes d'attaque devant la place.

Supposons cependant qu'elles continuent quand même leur marche d'approche; la réserve générale s'est repliée; les troupes de secteurs occupent leurs postes de combat; le front d'attaque est réduit, grâce à l'utilisation des obstacles passifs; c'est un inconvénient pour l'assiégeant qui ne peut tirer parti de sa supériorité numérique. Il faut qu'il attaque les centres de résistance de la position avan-

1. La moitié de l'armement des forts peut agir sur l'intervalle compris entre deux forts consécutifs.

cée bien appuyés par l'artillerie de la position principale qu'il n'est pas en état de contre-battre avec ses pièces de campagne et ses pièces courtes de siège et qui lui rendrait intenable le terrain conquis, s'il parvenait à s'en emparer. Grâce à l'organisation que nous avons décrite, ces centres de résistance ne peuvent être attaqués que de front, puisque leurs flancs et leurs derrières sont appuyés par l'artillerie placée sur la position principale et qui ne sera pas détruite tant que le défenseur tiendra sur la position avancée[1].

Aussi pensons-nous que, dans ces conditions, l'attaque ne peut pas être brusquée. Elle ne peut pas avoir le caractère de rapidité qui lui assigne von Sauer. Il faut que l'assiégeant ait à sa disposition des pièces à longue portée et des approvisionnements suffisants, c'est-à-dire qu'il installe un parc et des établissements importants ; qu'il les protège, et qu'il fasse, dans ce but, un investissement sérieux ; en un mot, il faut qu'il en vienne à une attaque régulière.

ATTAQUE RÉGULIÈRE.

PRÉLIMINAIRES DU SIÈGE.

Investissement. — La première opération de l'attaque régulière, c'est l'investissement. Nous n'entrerons pas dans

1. Parce que les centres de résistance de la position avancée maintiennent l'artillerie de l'assiégeant à au moins 2 000 m de leur front et, par suite, à environ 5 000 m de la position principale et qu'à cette distance on ne peut qu'inquiéter le défenseur.

les détails de cette opération que tout le monde connaît. Nous dirons seulement qu'elle s'exécute par un déploiement circulaire des troupes autour de la place. Le point délicat, c'est le passage des cours d'eau, que les troupes de la réserve générale, défendent d'une manière spéciale.

Après une suite de combats livrés avec les troupes de la défense, l'assiégeant, grâce à sa supériorité numérique, arrive quand même à cerner la place; puis à resserrer le premier investissement qui n'était que *provisoire,* de façon à se rapprocher suffisamment des positions de la défense. L'investissement est alors *définitif.*

Il faut occuper le terrain; organiser, à l'aide de la fortification passagère, une position de combat [1] en dehors de la portée efficace [2] de la grosse artillerie de la défense; c'est-à-dire, en terrain découvert, à 5 000 m environ de la position principale.

En avant, s'étendra un réseau d'avant-postes. L'artillerie de campagne, en grande partie placée sur la position de combat de l'investissement, est destinée à l'appuyer en cas de sortie de l'assiégeant.

Cet ensemble sera occupé par les troupes de première ligne. Celles de deuxième ligne, à peu près d'égale force, seront en arrière et au repos, à l'abri des coups de la grosse artillerie de la défense, c'est-à-dire à une dizaine de kilomètres de celle-ci.

---

1. Les centres de résistance de cette position établie dans le but de s'opposer aux sorties de la garnison, sont constitués comme ceux de la position avancée de la défense.

2. Sur des buts de faible étendue et peu visibles de loin, comme des tranchées et des ouvrages de campagne.

S'il existe des couverts, cette distance pourra être diminuée.

Force de l'armée chargée de l'investissement. — Il est difficile de se rendre compte, d'une manière précise, des forces nécessaires pour investir une place. On admet, en général, qu'il faut 1,7 homme par mètre courant compté sur la ligne des sentinelles de l'attaque. Cette répartition n'est d'ailleurs pas uniforme ; elle dépend du terrain. Dans les exemples que nous avons traités, nous avons trouvé qu'une division d'infanterie, ayant une de ses brigades en première ligne et l'autre en deuxième ligne, peut surveiller un front de 5 000 m dans les secteurs que l'on choisira comme secteurs d'attaque, et 10 000 m dans les autres secteurs. Nous arrivons ainsi, dans le cas de la place que nous supposons attaquée, à un effectif de 4 corps pour l'armée de siège[1].

Elle est protégée du côté de l'extérieur par les armées qui tiennent la campagne.

Préparatifs du siège. — Pendant que s'exécutent les travaux de l'investissement, le commandant du siège détermine le point d'attaque et fait rédiger le projet de siège, afin de fixer la composition des troupes complémentaires (artillerie de forteresse et génie), de l'armement et des approvisionnements nécessaires.

On compte que l'armement doit comprendre un nombre de pièces égal environ aux $\frac{3}{2}$ des pièces de la défense que l'attaque aura à contre-battre. Lorsque le gouverneur est parvenu à déterminer la zone des attaques, il en renforce

1. De l'avis du général Gourko, l'investissement peut être maintenu avec beaucoup moins de troupes qu'il n'en a fallu pour le réaliser.

On peut aussi remplacer, en partie, les troupes actives par des troupes de l'armée territoriale.

l'armement en même temps que la garnison. On estime généralement que le nombre de pièces qu'il placera dans les secteurs attaqués variera de 200 à 250. Dans ces conditions, l'attaque devrait disposer de 300 à 400 pièces, c'est-à-dire de 2 à $2\frac{1}{2}$ équipages de siège ayant la composition normale[1]. On calculera les troupes d'artillerie de forteresse à raison d'une batterie de 300 hommes pour 8 pièces (services accessoires compris).

On admet que les troupes du génie sont deux fois plus nombreuses que dans une armée en campagne.

Parc d'artillerie. — Toutes les troupes et tout le matériel de complément sont concentrés dans la zone des attaques. On organise le *parc d'artillerie* près d'une voie ferrée et en dehors des coups de la grosse artillerie de la défense, soit à une dizaine de kilomètres de la position principale. Le parc est divisé en *grand parc* (voitures, bouches à feu, outils, etc.), *parc à munitions* (ateliers de chargement, dépôts de matières premières et de matières confectionnées), *magasins à poudre principaux* et *petit parc* (réparations, distributions d'outils). Cet ensemble est généralement groupé dans une même localité et desservi par une gare bien aménagée.

On organise ensuite les dépôts intermédiaires entre les batteries et le parc (ce sont des annexes de ce dernier), et on réunit tous ces éléments entre eux au moyen de voies ferrées étroites. Enfin, on installe les ateliers de fascinage, de préférence dans les cantonnements.

1. Voir, pour la composition des équipages de siège, les documents officiels.

Parc du génie. — Le *parc du génie* est établi à proximité de celui de l'artillerie, mais il est généralement plus rapproché de la place que ce dernier. Il contient tous les outils et les matériaux nécessaires pour les travaux de sape, de mine, pour les destructions diverses, pour la construction et la réparation des voies ferrées, etc. On y joint un parc d'aérostiers.

Enfin on organise le service des subsistances, le service de santé, la trésorerie, les postes, la prévôté, etc.

Conduite de la défense pendant les préliminaires du siège. — Pendant l'investissement, la réserve générale cherche à contrarier cette opération. Elle opère comme nous l'avons déjà dit. Son but est d'entraver la marche des colonnes, sans perdre la protection de la place. Refoulée sur la position avancée, la défense va contrarier les préparatifs de l'attaque ; la harceler par des sorties et des coups de main; tirer sur ses établissements, de préférence la nuit, afin de ne pas démasquer l'emplacement de ses pièces. Elle devra faire tout son possible pour empêcher l'établissement des premières batteries de l'attaque.

PREMIÈRE PÉRIODE DU SIÈGE. — ATTAQUE DE LA POSITION AVANCÉE.

A. — Conduite de l'attaque.

Les préparatifs du siège sont achevés. L'assiégeant, malgré tous les efforts du défenseur, a réussi (nous le supposons du moins) à installer ses premières batteries que nous appellerons *batteries de première période*. Il va maintenant engager la lutte avec la défense (Pl. II).

I. — Préparation de l'attaque.

D'après ce que nous savons déjà, il ne saurait enlever de haute lutte la position avancée, avant d'avoir fait taire, momentanément du moins [1], l'artillerie de la position principale qui appuie cette dernière.

A cet effet, l'assiégeant a établi des batteries de pièces longues (155^{mm} long et 120^{mm}) en arrière de la position de combat de l'investissement ; il tirera des obus à mélinite (autant que possible) avec le 155^{mm} long, sur les ouvrages et les buts de grande étendue, et des obus à mitraille avec le 120^{mm} sur les batteries de la défense qui appuient les centres de résistance de la position avancée, et pour obliger ces batteries à se démasquer, il fera de fausses attaques.

En même temps, il préparera par son artillerie de campagne et, au besoin, par des pièces courtes de siège, l'attaque des centres de résistance de la position avancée.

II. — Exécution de l'attaque.

Lorsque les pièces de la position principale qui appuient ces centres de résistance seront réduites au silence, lorsque la préparation de l'attaque sera suffisante, l'assaut sera donné [2].

---

1. En inquiétant assez les servants des pièces pour qu'ils ne puissent rester à leurs postes.

2. Voir, dans la deuxième partie (attaques par surprise et de vive force) la composition et la marche des colonnes d'assaut.

Il peut arriver qu'en une seule fois on ne puisse s'emparer de tous les centres de résistance de la position avancée compris dans la zone des attaques, soit parce qu'on n'aura pas pu contre-battre toutes les pièces qui les appuient, soit pour toute autre raison. Dans ce cas, on procède par échelons et on gagne progressivement du terrain. En profitant des avantages acquis, on cherchera à faire évacuer les centres de résistance que l'on n'a pu attaquer, sans y prendre pied toutefois, et on s'en rapprochera de façon à pouvoir contre-battre les batteries qui les appuient; après quoi on pourra s'emparer de ces centres de résistance. La première période du siège peut donc comprendre plusieurs phases.

Telle est la méthode dans son ensemble.

Nous remarquerons qu'il n'est pas nécessaire d'attaquer la position avancée sur tout le pourtour de la place, mais seulement dans les secteurs d'attaque.

III. — Occupation de la position ou retraite.

Si l'assiégeant est victorieux, il occupe la position avancée et la retourne contre le défenseur. Mais à ce moment, il est soumis au feu des batteries hors de vue de la défense qu'il n'a pu contre-battre. Sans doute, ces batteries n'ont pu gêner la marche des colonnes d'assaut; leur tir est trop lent, par suite de la difficulté du pointage. Mais elles peuvent agir sur les points fixes du terrain, sur les centres de résistance dont l'assiégeant vient de s'emparer. Aussi l'assaut sera-t-il avantageusement donné à la chute du jour, afin de profiter de la nuit pour établir le plus vite possible des batteries de pièces courtes[1] dans le but de contre-battre les batteries de même nature de la défense qui tirent sur la position avancée.

Si, au contraire, l'attaque échoue, les colonnes d'assaut doivent battre en retraite, sous la protection de leur réserve spéciale, puis de la réserve générale. Lorsque le front est démasqué, le feu est ouvert de nouveau contre les positions du défenseur pour empêcher un retour offensif de ce dernier.

Il faut recommencer la préparation de l'attaque.

B. — Conduite de la défense.

Nous avons déjà dit que la défense doit faire tout son possible pour contrarier l'établissement des batteries de première période de l'attaque. Si elle peut arriver à les repérer, elle les couvrira de projectiles avant que celles-ci aient pu régler leur tir. La supériorité du nombre n'est rien en comparaison de la rapidité du réglage du tir ; 50 pièces qui ont cet avantage d'un tir réglé en tiendront en respect 100 autres qui ne l'auront pas. Aussi est-ce un point capital pour la défense d'avoir de bons observatoires.

Si, au contraire, l'assiégeant a l'avantage du réglage du tir, il est difficile de lutter avec lui, car il acquerra bien vite la supériorité du feu. Il vaut mieux, ce nous semble, refuser le combat, cesser le feu, désarmer pendant la nuit

1. L'installation de ces pièces est très rapide en ce qu'elle n'exige, le plus souvent, qu'une simple plate-forme.

On peut aussi faire usage, si on en possède, de pièces courtes montées sur affûts-plates-formes.

les batteries trop éprouvées et reporter les pièces en d'autres points d'où elles puissent agir, dans la suite, sur les troupes de l'assiégeant.

En tous cas, l'infanterie et les pièces légères devront être abritées et dérobées aux vues de l'attaque. Il faudra apporter beaucoup d'attention à reconnaître les fausses attaques, afin de ne pas démasquer trop tôt les pièces qui appuient la position avancée.

Enfin, lorsque les colonnes s'élanceront à l'assaut, on observera la tactique que nous avons déjà indiquée. A ce moment, l'artillerie de la position principale entrera de nouveau en jeu afin d'appuyer les flancs des centres de résistance de la position avancée.

Si l'attaque échoue, il faut aussitôt exécuter un retour offensif, avec les troupes de la réserve générale tenues prêtes à agir et renforcées, au besoin, par les troupes de secteurs.

Si, au contraire, l'assiégeant est victorieux, le défenseur se retirera sur la position principale, en défendant les positions intermédiaires, s'il en existe, et fera pleuvoir une grêle de projectiles sur la position avancée pour en rendre l'occupation difficile à l'assiégeant. Une contre-attaque est peut-être encore possible à ce moment.

Si l'on observe rigoureusement la tactique que nous venons d'indiquer, nous pensons que la résistance sur la position avancée peut être de longue durée ; elle a été de 65 jours à Belfort, pour un siège de 103 jours.

Influence de la poudre sans fumée. — Ajoutons que la difficulté pour l'attaque de régler son tir sur des ouvrages de faible relief et des batteries invisibles, que l'usage de la poudre sans fumée, qui n'indique pas les emplacements du défenseur et ne permet plus aux colonnes d'assaut de s'avancer à l'abri d'un nuage factice sont autant d'avantages dont le défenseur doit savoir tirer parti.

DEUXIÈME PÉRIODE DU SIÈGE. — PRÉPARATION DE L'ATTAQUE OU ATTAQUE ÉLOIGNÉE DE LA POSITION PRINCIPALE.

A. — Conduite de l'attaque (Pl. III).

Nous ne pensons pas qu'une attaque brusquée tentée contre la position principale puisse réussir aussitôt après la chute de la position avancée, car il est probable que les forts et les ouvrages intermédiaires ne seront pas suffisamment désorganisés et que le flanquement des intervalles subsistera. Il y a beaucoup d'obstacles à faire disparaître et l'artillerie de la défense n'est pas détruite. Dans ces conditions, il convient de faire de nouveaux préparatifs.

A cet effet, l'assiégeant va construire les *batteries de deuxième période* dans le but de détruire l'artillerie de la défense et de désorganiser complètement ses points d'appui. En même temps, des pièces auront pour objectif la position de soutien qui appuie la position principale, comme celle-ci a appuyé la position avancée, mais, toutefois, d'une manière moins efficace.

Nous allons donc recommencer des opérations analogues à celles que nous avons déjà décrites. Mais, avant d'aller plus loin, disons un mot de l'organisation des batteries de deuxième période.

Les pièces sont disposées dans des batteries de crête et dans des batteries hors de vue de la même manière que celles de la défense. Le mode d'observation est le même. Toutes les batteries sont de 4 pièces et groupées par 4 ou 6 au plus sous les ordres d'un officier supérieur. Avant d'ouvrir le feu, elles doivent être approvisionnées à 2 jours (1 jour dans la batterie, 1 jour dans le dépôt intermédiaire correspondant à chaque groupe), 4 jours au parc.

Lorsque les batteries de la deuxième période seront construites et armées, on désarmera celles de la première période qu'il n'est pas utile de conserver.

Enfin les pièces de campagne se trouvent en grande partie sur la nouvelle ligne d'investissement comprise entre la position principale attaquée et la position avancée conquise.

Lutte d'artillerie. — Lorsque tous les préparatifs sont achevés, l'artillerie de l'attaque engage la lutte avec celle de la défense dont les emplacements ont dû être repérés avec soin. Il va de soi qu'il faut surprendre la défense et lui cacher tous les préparatifs que l'on a faits.

Les pièces longues de 155^{mm}, tirant des obus à mélinite, contre-battront les pièces de même nature de la défense, bouleverseront les parapets des ouvrages, chercheront à détruire les cuirassements et à faire des brèches dans les défenses accessoires.

Les pièces de 120^{mm} tirant soit l'obus à mélinite, soit l'obus à mitraille, auront pour objectifs les pièces de même espèce de la défense et les centres de résistance de la ligne d'infanterie.

Les mortiers de 220^{mm} tireront des obus à mélinite sur

les ouvrages pour crever les abris et renverser, si c'est possible, la contrescarpe. Ils agiront aussi sur les mortiers de la défense[1].

Les pièces de 155^{mm} court tirant des obus à mélinite renforceront l'action des mortiers dans l'œuvre de démolition et contre-battront les pièces courtes opposées. Avec les obus à mitraille, elles peuvent atteindre les défenseurs les mieux dissimulés[2].

Après la lutte d'artillerie, si la défense est absolument réduite au silence, si ses troupes sont démoralisées, si ses pièces sont détruites, ses ouvrages suffisamment endommagés, l'assiégeant peut tenter une attaque brusquée contre la position principale.

Mais si tous ces résultats n'ont pu être obtenus, il devra continuer l'attaque régulière.

B. — Conduite de la défense.

Aux préparatifs de l'attaque, la défense répond par de nouveaux préparatifs. Elle complète l'organisation de la position principale et celle de la position de soutien. Elle renforce la garnison[3] et l'armement des secteurs menacés; elle complète les approvisionnements, etc.

Elle ne peut plus refuser le combat, sous peine de se voir acculée à la position de soutien et au noyau central

1. Le mortier de 220 ne doit pas être tiré au delà de 4 000 m.

2. Il convient de ne pas tirer le canon de 155 court au delà de 5 000 m, sa précision ne serait plus suffisante.

3. La garnison des secteurs attaqués est, au plus fort de la lutte, de 1,5 homme par mètre courant de ligne de feu.

et de se trouver constamment en présence d'une artillerie intacte du côté de l'assiégeant. Or, c'est sur la position principale que les conditions sont les meilleures pour soutenir la lutte avec l'attaque. Grâce à sa connaissance parfaite du terrain et à ses observatoires savamment disposés dès le temps de paix, la défense doit pouvoir régler son tir avant son adversaire et écraser ses batteries. Si ce résultat est obtenu, une contre-attaque sera exécutée dans le but de refouler l'ennemi et de reconquérir le terrain perdu.

Si l'assiégeant a le dessus, le défenseur devra désarmer peu à peu ses batteries et reporter les pièces sur la position de soutien ; puis il attendra l'assaut et sa conduite est celle que nous avons indiquée à propos de l'attaque brusquée.

TROISIÈME PÉRIODE DU SIÈGE. — ATTAQUE RAPPROCHÉE DE LA POSITION PRINCIPALE.

Si, après la lutte d'artillerie, les pièces de la défense ne sont pas détruites, si elles ont pu être reportées en partie sur la position de soutien, si les ouvrages ne sont pas suffisamment endommagés, si le flanquement des intervalles subsiste, l'assiégeant a peu de chance de réussir dans une attaque brusquée. Il est prudent de continuer l'attaque régulière (Pl. IV).

A. — Conduite de l'attaque.

Il s'emparera d'abord de la ligne d'infanterie de la position principale ; puis il rapprochera ses batteries et il les armera généralement avec les pièces de siège les plus mobiles (120^{mm}, 155^{mm} court), afin d'achever la désorganisation des points d'appui, de détruire les organes de flanquement des intervalles et de faire brèche ; quelques mortiers de 220^{mm} et quelques pièces de 155^{mm} long seront nécessaires pour arriver plus sûrement à ce résultat. En même temps, il contre-battra la position de soutien. En somme, c'est toujours le même jeu : *En même temps qu'on attaque une position, il faut contre-battre celle qui l'appuie.*

Nous désignerons ce nouvel échelon d'artillerie sous le nom de *batteries de troisième période.*

Première parallèle. — Toute cette installation est protégée en avant par une série de tranchées ou premières parallèles ouvertes à 800 ou 1 000 m au plus des ouvrages attaqués. C'est dans ces parallèles que seront placées les gardes de tranchée, c'est-à-dire les troupes d'infanterie chargées du service de protection ; des pièces de campagne renforceront les ailes de ces parallèles et contribueront à repousser les sorties.

Lorsque ces nouveaux préparatifs sont achevés, le feu est ouvert sur les ouvrages et sur les batteries de la défense.

Après ce nouvel effort, une attaque brusquée peut être possible ; mais il faut pour cela que le flanquement des intervalles soit détruit, que les ouvrages soient désorganisés et que la position de soutien ait pu être suffisamment contre-battue.

Dans le cas contraire, il faut continuer l'attaque régulière.

Il est clair que si les points d'appui résistent, il est de

toute nécessité que l'assiégeant s'en empare. Or, à mesure qu'il s'approche de la position principale, le terrain devient de moins en moins couvert. D'où la nécessité de cheminer en tranchées. Sans doute, les cheminements n'auront pas le caractère de continuité qu'ils avaient au temps de Vauban. On utilisera tous les obstacles du sol utilisables et on les reliera par des tranchées défilées. On arrivera ainsi à mi-distance de la première parallèle et de la place.

Deuxième et troisième parallèles. — A ce moment, il semble nécessaire de réunir tous ces cheminements par une deuxième parallèle, afin de prendre réellement pied sur le terrain conquis. Les têtes des approches ne seraient d'ailleurs plus suffisamment protégées par la première parallèle.

De la deuxième parallèle, on partira suivant de nouveaux cheminements que l'on poussera jusqu'au pied du glacis et on les réunira par une *troisième parallèle.* C'est dans cette dernière que seront rassemblées les colonnes d'assaut; c'est de là que l'on partira pour détruire le système de mines de la défense, s'il en existe un; ou pour renverser la contrescarpe par la mine, si elle est construite en béton et si l'artillerie, à distance, n'a pu l'endommager sérieusement.

Au moment de l'ouverture de la première parallèle, la ligne d'infanterie de la position principale aura été reportée entre les ouvrages. Plusieurs des batteries de crête de la défense pourront même être transformées en ouvrages d'infanterie protégés par les réseaux de fil de fer qui les entourent.

On travaillera aux préparatifs de l'assaut : renversement de la contrescarpe par la mine, destruction de la grille d'escarpe ; ou bien, si les fossés sont creusés dans le roc, on cherchera à les franchir au moyen de ponts volants, s'ils ne sont pas trop larges. Dans le cas contraire, on masquera les organes de flanquement, on enfumera les coffres de contrescarpe et on descendra dans le fossé. Ces préparatifs achevés, l'assaut sera donné.

En présence d'un défenseur vigilant, il conviendra de préparer l'assaut la nuit et de l'exécuter au commencement du jour.

S'il ne peut être surpris, il faut bombarder les ouvrages, pour obliger le défenseur à rentrer sous ses abris, et contrebattre la position de soutien. Cette dernière précaution est indispensable.

Maître de la position principale, l'assiégeant s'y installe, la retourne contre le défenseur et se prépare à attaquer la position de soutien et le noyau central.

B. — Conduite de la défense.

L'assiégé défendra la ligne d'infanterie de la position principale, comme il a défendu la position avancée ; il fera ensuite tout son possible pour contrarier l'ouverture de la première parallèle et la construction des batteries de troisième période. A cet effet, le terrain extérieur sera éclairé la nuit à la lumière électrique et parcouru par des patrouilles fréquentes. Une sortie tentée pendant l'exécution des travaux est de nature à les faire ajourner pour quelque temps.

Dans le cas où une attaque brusquée aurait lieu après l'ouverture du feu des batteries de troisième période, l'artillerie placée sur la position de soutien interviendrait à ce moment. La conduite à tenir est celle que nous avons indiquée à propos de l'attaque de la position avancée.

Si l'assiégeant continue ses cheminements, le défenseur devra en contrarier l'exécution. Il les repérera pendant le jour et, pendant la nuit, des pièces légères les prendront d'enfilade et les couvriront de mitraille ; après quoi, elles se retireront. Des mortiers légers seront aussi très utilement employés pour atteindre l'ennemi dans ses tranchées et pour gêner les têtes de sape.

La garnison devra faire tous ses efforts pour empêcher les préparatifs de l'assaut ; elle redoublera de vigilance ; les pièces de flanquement seront tenues prêtes à tirer. Pendant la nuit, on réparera les brèches ou on les mettra en état de défense. La garnison sera mise à l'abri, mais se tiendra prête à se porter sur les remparts au premier signal. Un service de surveillance sera organisé de façon à être prévenu à temps de la sortie des colonnes d'assaut de la troisième parallèle.

Au moment décisif, les troupes occupent immédiatement leurs postes de combat ; les pièces légères et à tir rapide sont mises en batterie et la conduite à tenir est celle que nous connaissons déjà. La position de soutien intervient aussi pour appuyer les flancs des ouvrages attaqués.

Si l'assiégeant échoue, une contre-attaque est exécutée par les troupes de la réserve générale. S'il est victorieux, le défenseur se replie sur la position de soutien et celle-ci couvre de projectiles la position principale pour la rendre intenable à l'assiégeant. Un retour offensif peut être possible à ce moment.

ATTAQUE DE LA POSITION DE SOUTIEN ET DU NOYAU CENTRAL.

Les opérations que nous avons décrites vont être reprises en totalité ou en partie devant la position de soutien et le noyau central. L'assiégeant rapprochera ses dépôts intermédiaires, pour la facilité du service des nouvelles batteries, et ses cantonnements, pour épargner aux troupes une fatigue inutile.

En ce qui concerne les villes entourées d'anciennes enceintes, nous remarquerons que leur résistance peut durer assez longtemps, si le défenseur a pris les dispositions nécessaires pour supporter le bombardement. En effet, la brèche ne sera pas toujours facile, les fossés souvent pleins d'eau sont un obstacle sérieux, difficile à franchir, le flanquement tiré du tracé subsistera. L'assiégeant peut donc être arrêté quelque temps devant l'enceinte.

Aussi le gouverneur devra-t-il faire évacuer les quartiers menacés et transporter la population et la réserve de la garnison dans les secteurs non attaqués. C'est là, dans une sorte de réduit général, que seront reportés les approvisionnements. Il existe des villes où l'on trouve, à l'intérieur du périmètre défensif, des tunnels, des carrières, des souterrains : ce sont des abris à l'épreuve tout indiqués.

A l'intérieur du noyau central, on organisera avec soin le service des incendies, afin d'éviter, autant qu'on le pourra, la destruction de la ville. Mais ce n'est pas cette éventualité qui devra arrêter le gouverneur, s'il a les moyens de conserver sa garnison intacte et de mettre la population civile à l'abri. Le but de la défense, en effet, c'est de gagner du temps. De la résistance plus ou moins longue d'une place peut dépendre le sort du pays.

CONCLUSION.

De l'étude qui précède, nous conclurons :

1° En ce qui concerne l'organisation des grandes forteresses situées en pays moyennement accidenté :

a) Le *noyau central* doit toujours être entouré d'une enceinte continue présentant un obstacle sérieux et un couvert suffisamment résistant. Elle est non seulement destinée à mettre la ville à l'abri d'un coup de main, mais encore à prolonger la résistance de la place lorsque les mesures que nous avons indiquées seront prises relativement à la population civile et aux approvisionnements.

b) Une *position principale* de défense située à une distance convenable pour mettre le noyau central à l'abri du bombardement, doit être organisée dès le temps de paix, aussi solidement que possible.

c) Pour augmenter la durée de sa résistance et favoriser la défense extérieure active, cette position doit être précédée d'une *position avancée* qui peut d'ailleurs ne pas exister sur tout le pourtour de la place.

d) Une *position de soutien* organisée dans les secteurs d'attaque appuie, en outre, la position principale lorsqu'elle est directement menacée.

A ce sujet, nous ferons remarquer qu'il serait bon de construire, dès le temps de paix, les principaux ouvrages de la position de soutien, en tenant compte d'abord de la zone des attaques probables et ensuite de la facilité de constituer ultérieurement le réduit général de la place. Un groupe d'ouvrages de 2e ligne peut même, dans certains cas, être tellement disposé, qu'il constitue à lui seul une véritable citadelle, dans le sens moderne du mot.

2° Relativement à l'attaque, nous remarquerons :

Qu'il ne faut jamais attaquer une position sans contre-battre celle qui l'appuie;

Que l'assiégeant doit dérober à la défense les dispositions adoptées, la tromper par de fausses attaques et ouvrir le feu à l'improviste de façon à l'écraser.

Les points d'appui ne doivent jamais être négligés, surtout s'ils assurent un bon flanquement des intervalles qui les séparent.

3° Quant à la défense, elle doit tendre à gagner du temps. Les positions occupées seront organisées de façon à s'appuyer deux à deux.

Ce rôle d'appui s'exercera de la manière suivante:

Battre les intervalles et les abords des flancs des centres de résistance de la position attaquée à l'aide d'une artillerie que l'on a tenue cachée le plus possible jusqu'au moment de l'assaut et qui ne peut être efficacement contre-battue, tant que résiste la position en avant. Les mouvements tournants de l'attaque sont ainsi rendus très difficiles; obligée de s'avancer de front, elle ne peut tirer tout le parti désirable de sa supériorité numérique.

La défense doit chercher à tromper son adversaire sur ses véritables intentions ; si elle ne peut l'empêcher d'avoir la supériorité du feu, elle ne lui répondra plus, et quand les colonnes d'assaut seront à une distance telle que l'artillerie de l'attaque ne puisse les protéger sans les atteindre, elle les écrasera sous le feu d'une infanterie et d'une artillerie intactes. Les troupes tenues en réserve exécuteront, à ce moment, une vigoureuse contre-attaque.

Nous ajouterons, d'accord avec le général von Wiebe, que l'usage de la poudre sans fumée est plus favorable à la défense qu'à l'attaque; car il est indispensable que celle-ci se rapproche à bonne distance (à moins de 4000 m) pour ruiner la défense. Au delà, elle ne peut que l'inquiéter assez pour empêcher son artillerie d'appuyer les positions en avant. Mais dès qu'elle se rapproche, elle pénètre sur un terrain bien connu du défenseur, bien vu et bien battu de ses positions. L'assiégeant a peu de chances de gagner inaperçu une position abritée ou qu'il puisse rendre telle. Le défenseur, au contraire, a tout préparé dès le temps de paix pour dérober ses mouvements à son adversaire et connaître les siens à l'aide de bons observatoires.

Enfin, nous avons fait remarquer qu'au moment de l'assaut l'usage de la poudre sans fumée est un avantage pour la défense et un inconvénient pour l'attaque.

DEUXIÈME PARTIE

ORGANISATION, ATTAQUE ET DÉFENSE DES POSITIONS D'ARRÊT SITUÉES EN PAYS MOYENNEMENT ACCIDENTÉ ET EN PAYS DE MONTAGNE

Préliminaires. — Dans la première partie nous avons traité de l'organisation, de l'attaque et de la défense des grandes forteresses situées en pays moyennement accidenté, comme les places de Metz et de Strasbourg en Alsace-Lorraine, de Verdun, Toul, Épinal et Belfort sur notre frontière du Nord-Est.

Il nous reste encore à étudier :

1° L'attaque et la défense des petites places à simple enceinte. Mais ces opérations ne diffèrent pas de celles qui se rapportent au noyau central d'une grande forteresse, après la chute des positions en avant ;

2° L'organisation, l'attaque et la défense des positions d'arrêt.

Ce dernier cas se subdivise en plusieurs autres. En effet, une position d'arrêt peut être complètement isolée ou bien faire partie d'un rideau défensif, en pays moyennement accidenté. Elle peut encore être située en pays de montagne. Nous verrons, dans la suite, que l'attaque et la défense des places de montagne se réduisent à celles d'une ou plusieurs positions d'arrêt.

Nous allons tout d'abord étudier l'organisation, l'attaque et la défense des positions d'arrêt situées en pays moyennement accidenté.

CHAPITRE Ier

DES POSITIONS D'ARRÊT SITUÉES EN PAYS MOYENNEMENT ACCIDENTÉ.

Rôle des positions d'arrêt. — Le but d'une position d'arrêt est d'interdire à l'ennemi, le plus longtemps possible, une voie de communication, route ou chemin de fer. Ce rôle purement passif ne peut être généralement rempli que par l'artillerie. Aussi dispose-t-on une fraction de l'armement de façon à prendre des vues directes et d'enfilade sur les parties des voies de communication où il est le plus facile d'entraver la circulation : tels sont les ponts, les tranchées, les chaussées en remblai ou en déblai, etc., et l'on évite de déplacer les bouches à feu établies dans ce but. Elles constituent l'armement d'interdiction.

Considérons le cas d'une position d'arrêt complètement isolée.

---

§ 1er. — POSITION D'ARRÊT COMPLÈTEMENT ISOLÉE.

I. — Mode de constitution de la position.

Une position de ce genre ne reçoit le secours d'aucune troupe autre que celle qui est affectée à sa défense. Elle est donc complètement livrée à elle-même.

Le mode d'occupation de cette position consiste le plus souvent en un ouvrage unique. Quelquefois il est nécessaire de recourir à une ou plusieurs batteries annexes auxquelles l'ouvrage sert de réduit.

Installation de l'armement d'interdiction. — L'armement d'interdiction est généralement placé dans l'ouvrage. Mais on peut aussi disposer une ou deux pièces dans les batteries annexes et les abriter sous des casemates cuirassées. Les casemates de cette espèce sont déjà anciennes et on n'a pas étudié jusqu'à présent de type de casemate à l'épreuve des nouveaux projectiles. Aussi semble-t-il convenable, dans les ouvrages de création nouvelle, de placer l'armement d'interdiction exclusivement dans ces ouvrages, les batteries annexes ne servant qu'à la défense de la position d'arrêt.

Il est nécessaire de conserver l'armement d'interdiction le plus longtemps intact. Dans ce but, il sera abrité sous des tourelles à éclipse. Les tourelles hors de vue simplement tournantes ne remplissent pas les conditions voulues. Elles ne voient pas leur objectif ; les pièces qu'elles protègent ne peuvent faire que du tir courbe, puisque les projectiles doivent passer par-dessus les masses couvrantes qui les masquent aux vues de l'extérieur. Or le tir de plein fouet est indispensable pour battre des longueurs suffisantes de la voie qu'il s'agit d'interdire.

Nous pensons que l'armement devrait comprendre une ou deux pièces de 120^{mm}. Le 155^{mm} long n'est pas indispensable. En effet, il s'agit de tirer sur des buts qui ne présentent pas une grande résistance : ce sont des troupes et des convois. Le canon de 120 est donc très suffisant. Il présente, en outre, un avantage qui n'est pas à dédaigner : ses munitions occupent moins de place que celles de 155 long ; à égalité d'espace, on pourra loger une plus grande quantité de projectiles et de gargousses. Or les ouvrages d'arrêt sont toujours, par raison d'économie, de capacité assez restreinte ; les locaux sont réduits au strict nécessaire. Ajoutons encore que le tir des pièces doit être assez rapide pour que des colonnes légères ne puissent pas franchir les points les mieux battus de la voie entre deux salves consécutives [1].

Armement pour la défense propre de la position. — L'armement destiné à assurer la défense propre des ouvrages se compose de pièces ayant pour objectifs les positions favorables à l'attaque (elles sont généralement de moyen calibre), et d'autres destinées à repousser les assauts et les attaques de vive force ; ces dernières seront à tir rapide ; on pourra les disposer sous des tourelles à éclipse. Enfin des mortiers légers fouilleront les plis de terrain dans lesquels l'assiégeant chercherait à s'abriter.

A l'exception des pièces à tir rapide placées sous coupoles, tout l'armement destiné à la défense propre de l'ouvrage sera disposé à ciel ouvert à l'intérieur de celui-ci ou dans des batteries annexes.

---

1. Il conviendrait d'adapter à la tourelle un canon du calibre de 120^{mm} spécial. Ce canon, pour la facilité des approvisionnements, aurait les mêmes munitions que celui de même calibre actuellement en usage. Mais, pour rendre le service moins pénible à l'intérieur de la tourelle, sa manœuvre pourrait être simplifiée en recourant autant que possible à l'automaticité des mouvements, en employant une fermeture de culasse à bloc et en utilisant la force du recul pour produire l'ascension des munitions, etc.

Forme du fort. Locaux. Disposition intérieure. — Le fort étant attaquable de tous les côtés à la fois sera muni d'un massif central formant parados[1]. On disposera l'entrée sous la face la moins exposée aux coups de l'attaque. Un massif de béton placé au centre de l'ouvrage recevra les locaux destinés au personnel et aux approvisionnements. Aucune ouverture ne sera aménagée à l'extérieur, à l'exception des débouchés qui seront au moins au nombre de deux. Ils seront abrités chacun par une traverse bétonnée et donneront accès sur les parapets. L'entrée du fort aura lieu par le fond du fossé; elle pourra être à ciel ouvert, mais une entrée de sûreté sera disposée à côté et recouverte d'une voûte à l'épreuve en béton de ciment.

Les locaux seront éclairés à la lumière électrique et leur aération sera assurée au moyen de ventilateurs.

C'est dans le massif en béton que seront placées les tourelles. Toutefois, celles qui abritent les pièces à tir rapide pourraient être ménagées dans des parties de plongée durcie en béton. On disposera, en outre, un observatoire cuirassé avec un projecteur Mangin.

Un parapet pour l'infanterie et pour l'artillerie régnera sur tout le pourtour de l'ouvrage.

Il sera muni de traverses bétonnées sous lesquelles on disposera des abris pour les hommes, les munitions et les pièces destinées à la défense propre de l'ouvrage. Les plus lourdes, c'est-à-dire celles de moyen calibre, longues ou courtes, seraient avantageusement placées sur des affûts-

1. Si l'on supprime le parados, on arrive à cette conclusion que toute la défense du fort doit être assurée par des pièces placées sous tourelles.

trucs. Au moyen d'une voie ferrée, on les amènerait, au moment du besoin, à leurs emplacements de tir.

Fossé-obstacle. — Le fort sera entouré d'un fossé sérieux, bien flanqué par des coffres de contrescarpe reliés par des communications souterraines avec les locaux de l'intérieur. Lorsque le sol ne sera pas rocheux, on revêtira la contrescarpe en béton de ciment et on la protégera par de la rocaille contre les projectiles qui auraient pour but de la pousser au vide. L'escarpe sera formée d'une grille.

Un solide réseau de défenses accessoires régnera sur tout le glacis. On le défilera contre les vues de l'ennemi par un avant-glacis.

Occupation des abords. — Si un ouvrage ne suffit pas pour occuper la position choisie, on le complétera par des batteries annexes et des tranchées placées sous sa protection immédiate. Il importe de bien surveiller et de bien battre les abords sous peine de se voir exposé aux surprises. Tout l'ensemble devra être compris à l'intérieur d'une enceinte de sûreté constituée le plus souvent par des défenses accessoires [1].

II. — Attaque et défense des positions d'arrêt complètement isolées (fig. 5).

Nous allons examiner les différents procédés d'attaque en usage et voir s'ils sont applicables aux positions étudiées.

---

1. Le prix de revient des forts d'arrêt à l'époque actuelle étant très élevé, on réservera ces ouvrages pour la défense des communications de première importance qui seraient très utiles pour l'offensive. Pour les autres, on se bornera à détruire certains ouvrages d'art convenablement placés, afin d'en interdire l'usage à l'ennemi.

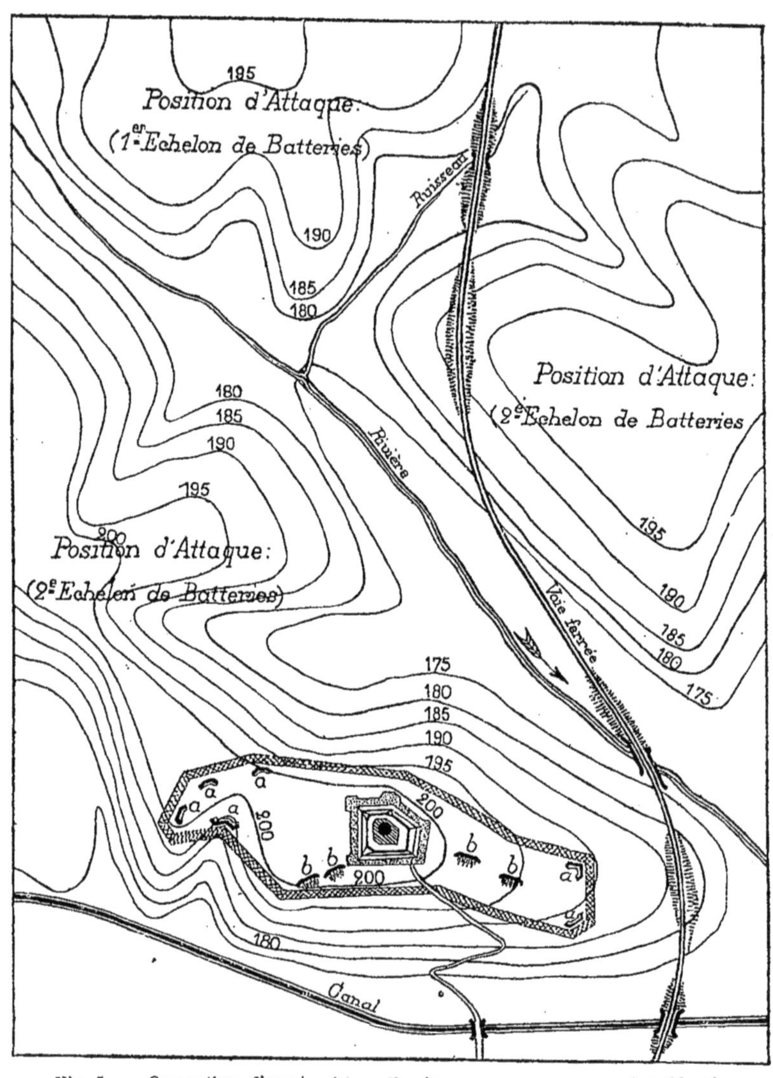

Fig. 5. — Occupation d'une position d'arrêt en pays moyennement accidenté; $\left(\frac{1}{20\,000}\right)$ équidistance = 5 m. — *a*, tranchées et ouvrages pour l'infanterie; *b*, batteries.

SURPRISE.

A. — Conduite de l'attaque.

La surprise peut être employée contre un ouvrage isolé dont la garnison est insuffisante ou manque de vigilance, ou bien lorsque cet ouvrage voit mal ses abords et qu'il n'est pas entouré d'un obstacle suffisant (fossé bien flanqué, défenses accessoires sur le glacis). Dans ce cas, on peut concevoir que la marche des opérations est à peu près la suivante.

Préparation de l'attaque. — Il faut, au préalable, recueillir un certain nombre de renseignements sur l'ouvrage attaqué ; il est nécessaire notamment de savoir quel est son mode d'organisation, son armement ; quelle est la force de sa garnison et si elle se garde bien ; les abords de l'ouvrage sont-ils suffisamment battus ? présentent-ils des difficultés d'accès ? etc.

On forme ensuite la colonne d'attaque. Elle est composée de troupes de toutes armes, infanterie, cavalerie, artillerie, génie. Son effectif ne doit pas être trop considérable, car il faut pouvoir l'amener en silence jusque dans le voisinage de l'ouvrage ; elle doit cependant être assez forte pour triompher des premières résistances de l'assiégé. Il semble, pour toutes ces raisons, qu'elle doive avoir la composition et la force d'une brigade mixte.

Cette colonne arrive par une marche de nuit à quelques kilomètres de la position attaquée. Elle est arrêtée et l'on procède à la reconnaissance des abords afin de compléter les renseignements que l'on possède déjà. Il faut déterminer surtout les points par où l'assaut sera donné et les chemins qui y conduisent. Il est bon d'attaquer l'ouvrage sur plusieurs points à la fois, afin de diviser les efforts de l'assiégé et de se ménager le succès au moins en un point.

La reconnaissance faite, on constitue les colonnes d'assaut formées de plusieurs échelons[1], car il importe de n'engager d'abord que peu de monde et de ne faire ensuite avancer de plus gros effectifs qu'à coup sûr. Il faut toujours prévoir un insuccès et la retraite qui en est la conséquence. C'est une opération très meurtrière qui se changerait en un véritable désastre si toutes les précautions que commande la prudence n'étaient pas prises.

On constitue autant de colonnes d'assaut qu'il y a de points d'attaque. Le reste des troupes forme la réserve générale destinée à appuyer les colonnes et à protéger leur retraite, le cas échéant.

Exécution de l'attaque. — Quand tous les préparatifs sont achevés, les colonnes sont mises en marche de façon à arriver sur l'ouvrage attaqué une heure ou deux avant le jour. Il faut observer le plus grand silence et tâcher de

---

1. I. Rideau de tirailleurs d'infanterie ayant pour mission de passer à l'arme blanche les premiers défenseurs qu'ils rencontreront. (Leur force peut être d'une section.)
II. Travailleurs munis d'engins d'escalade et de destruction.
III. Colonne d'assaut proprement dite. (Sa force peut être d'une compagnie.)
IV. Réserve spéciale de la colonne d'assaut (de même force qu'elle).
Un 5e échelon peut être formé d'un détachement d'artilleurs chargés de mettre hors de service les pièces de la défense ou de les retourner contre elle.

gagner le chemin couvert sans tirer un seul coup de fusil. Les tirailleurs (1er échelon de chaque colonne) se déploient sur la crête du glacis. Sous leur protection, les travailleurs (2e échelon) disposent les engins de franchissement, des ponts-volants, si les fossés ne sont pas trop larges ; dans le cas contraire, des bottes de paille sur lesquelles les hommes se laissent tomber sont jetées dans le fossé. On embouche les créneaux des organes de flanquement et l'on dispose les échelles pour franchir l'escarpe (mur ou grille). Après quoi, les colonnes d'assaut proprement dites (3e échelon) pénètrent dans l'ouvrage.

Occupation de la position ou retraite. — A partir de ce moment, il est difficile d'indiquer la conduite à tenir ; cependant, si la garnison est effectivement surprise, les réserves spéciales des colonnes d'assaut (4e échelon) s'élancent à leur suite pour leur prêter main-forte, puis la réserve générale s'avance à son tour.

Si l'attaque échoue, les colonnes d'assaut doivent battre en retraite. Elles sont d'abord protégées par leurs réserves spéciales déployées sur la contrescarpe ; puis la réserve générale prend ses dispositions pour recueillir les échelons engagés. Dès qu'ils se sont retirés, l'artillerie de campagne restée en position ouvre le feu sur l'ouvrage, afin d'empêcher, concurremment avec la réserve générale, un retour offensif du défenseur.

B. — Conduite de la défense.

Le premier devoir de la garnison est de se bien garder. A cet effet, le commandant de l'ouvrage entretiendra des intelligences avec les habitants des villages voisins, afin d'être prévenu à temps de l'arrivée de l'ennemi. Il disposera des avant-postes ou des postes détachés aux points convenables, fera explorer le terrain extérieur par des rondes et des patrouilles notamment pendant la nuit; le champ de tir sera dégagé dans la limite de bonne portée du fusil et, si l'on dispose d'appareils d'éclairage électrique, on dirigera des faisceaux lumineux sur les abords de l'ouvrage plusieurs fois pendant la nuit; les glacis seront recouverts de défenses accessoires et les pièces des organes de flanquement tenues prêtes à tirer. Enfin on habituera la garnison par des alertes fréquentes à occuper ses postes de combat.

ATTAQUE BRUSQUÉE.

La surprise peut échouer ou bien elle peut ne pas être tentée parce qu'elle n'a aucune chance de succès. Alors on aura recours à une méthode d'attaque qui a été beaucoup prônée dans ces dernières années, surtout par les Allemands; c'est l'attaque brusquée préparée par un bombardement exécuté à l'aide du matériel des parcs légers de siège[1].

---

1. Les Allemands possèdent, dit-on, dans chacune des places de Metz et de Strasbourg, dans le but de réduire les forts d'arrêt de notre frontière de l'Est, un équipage spécial comprenant 12 pièces de 12^{cm}, 20 pièces de 15^{cm} légères et 8 mortiers de 21^{cm}.

A. — Conduite de l'attaque.

Préparation de l'attaque. — La troupe chargée de l'attaque peut être d'une brigade mixte, comme dans le cas précédent. Elle exécute une marche d'approche sur l'ouvrage attaqué de façon à se trouver vers la chute du jour à une distance de 2 000 à 3 000 m au plus de cet ouvrage. La garnison étant trop faible pour se livrer à des opérations extérieures ne peut pas gêner cette marche d'approche.

L'artillerie seule pourrait la contrarier; mais la colonne d'attaque est très mobile et se sert principalement des chemins secondaires que l'ouvrage tient le moins sous son canon. Quoi qu'il en soit, s'il lui était impossible d'avancer, elle engagerait une première lutte à distance avec son artillerie de campagne jusqu'à ce qu'elle ait réduit momentanément au silence les pièces de l'ouvrage qui tirent sur elle. Puis, elle continuerait sa marche d'approche.

Pendant la nuit, les batteries de bombardement sont construites et armées.

Exécution de l'attaque. — Au jour, le feu est ouvert sur l'ouvrage. On ne cherche pas à le détruire, ni à faire brèche à l'escarpe et à la contrescarpe ; on veut seulement, à l'aide du tir courbe des pièces de siège et des shrapnels de campagne, obliger le défenseur à abandonner ses parapets et à se retirer sous ses abris. Ce résultat obtenu, les colonnes constituées comme ci-dessus s'avancent par bonds successifs. On dispose les engins de franchissement et, lorsque les préparatifs sont achevés, elles s'élancent à l'assaut.

Occupation de l'ouvrage ou retraite. — Si l'assiégeant est victorieux, il occupe le fort et s'en fait une arme contre le défenseur. Un de ses premiers soins consiste à s'assurer que l'ouvrage n'est pas miné.

Si l'assaut échoue, la retraite s'exécute comme pour la surprise.

B. — Conduite de la défense.

Le défenseur doit être vigilant. Il ne faut pas qu'il soit surpris par l'arrivée inopinée de l'ennemi. Il prendra ses dispositions pour être informé à temps de sa marche d'approche, qu'il gênera ensuite le plus possible par le tir de son artillerie à longue portée.

Si l'assiégeant arrive quand même à proximité de l'ouvrage, le défenseur devra chercher à repérer les emplacements de ses batteries, à l'aide de reconnaissances et en éclairant le terrain à la lumière électrique pendant la nuit, s'il en a les moyens ; ensuite l'artillerie affectée à la défense propre de l'ouvrage tirera sur les travailleurs, afin d'empêcher la construction et l'armement des batteries.

Si, malgré tout, le feu est ouvert, le défenseur y répondra, avec toutes les pièces dont il dispose, en évitant, autant que possible, d'employer celles qui constituent l'armement d'interdiction, dont il importe de ménager les munitions pour permettre au fort de remplir son rôle jusqu'à la dernière extrémité.

Les troupes qui défendent les abords de l'ouvrage doivent résister le plus longtemps possible, tout en ayant bien soin de ne pas se faire couper leur retraite.

Enfin la conduite de l'infanterie et de l'artillerie légère, pendant le bombardement et au moment de l'assaut, est celle que nous avons indiquée à propos des ouvrages d'une grande forteresse. Nous remarquerons toutefois que la retraite de la garnison complètement isolée et livrée à elle-même, sans appui d'aucune sorte, est extrêmement difficile. Cette garnison est, pour ainsi dire, sacrifiée.

BLOCUS ET BOMBARDEMENT.

Si l'attaque brusquée n'a pas réussi, il ne faut pas recourir au blocus pour réduire un fort d'arrêt dont la garnison possède des munitions et des vivres pour plusieurs mois. On cherchera à détruire l'ouvrage, si c'est possible, à l'aide des projectiles chargés avec des explosifs brisants, ou bien on entamera une attaque régulière.

ATTAQUE RÉGULIÈRE.

Considérons un fort organisé comme nous l'avons dit : il possède des abris solides que le tir de l'artillerie aura de la difficulté à endommager sérieusement à distance. L'armement d'interdiction est très bien protégé sous une ou plusieurs tourelles à éclipse visibles pendant peu de temps, et, par suite, difficiles à atteindre par les coups directs. Les fossés sont un obstacle sérieux, leur flanquement n'est pas détruit ; les défenses accessoires sont à peu près intactes.

Dans ces conditions, l'assiégeant est obligé d'en venir à une attaque pied à pied pour s'emparer de l'ouvrage, qui remplira le rôle pour lequel il a été établi tant qu'il sera au pouvoir des défenseurs.

Un investissement est nécessaire dès le début pour isoler la garnison. Il suffira de disposer des détachements sur les routes qui conduisent au fort, afin de couper la retraite de ses défenseurs et de l'empêcher de recevoir aucun secours de l'extérieur. Les sorties n'étant pas à craindre, il n'est pas nécessaire d'organiser une position de combat de l'investissement.

Le premier échelon de batteries sera placé à la distance que nous avons indiquée à propos de l'attaque brusquée ; il aura pour but de détruire les pièces de la défense qui tirent à ciel ouvert et de commencer la désorganisation de l'ouvrage.

Un deuxième échelon de batteries tirant à une distance d'environ 1 000 à 1 200 m achèvera cette désorganisation et préparera la brèche de l'escarpe et de la contrescarpe, si c'est possible.

Enfin les cheminements seront construits et l'attaque pied à pied aura lieu de la même manière que pour un ouvrage d'une grande forteresse.

La conduite de la défense est également la même que celle que nous avons décrite à ce sujet, dans la première partie de notre étude.

---

§ 2. — POSITIONS D'ARRÊT FAISANT PARTIE D'UN RIDEAU DÉFENSIF.

I. — Mode de constitution du rideau défensif.

Rappel des principes appliqués après 1870 pour la défense des frontières. — Après 1870, on a eu recours pour la défense des États, notamment en France et en Allemagne, aux principes des régions fortifiées exposés par le général de Maureilhan en 1818. Toutefois, le général de Rivières, en France, a constitué ces régions d'une manière assez différente de celle du général de Maureilhan. Il a fait usage des rideaux défensifs. Sur notre frontière du Nord-Est, deux de ces rideaux ont été organisés ; ils forment, avec les grandes places situées à leurs extrémités, les régions fortifiées de Verdun-Toul et d'Épinal-Belfort.

On espère ainsi, d'après le général de Rivières, limiter les débouchés de l'ennemi aux espaces de terrain qui s'étendent de chaque côté du système des rideaux défensifs ou entre deux rideaux consécutifs.

C'est en arrière de ces régions fortifiées que les armées pourront se concentrer. Si elles sont prêtes assez tôt pour prendre l'offensive (il faut espérer qu'il en sera ainsi), elles s'appuieront sur ces régions comme sur une base. Dans le cas contraire, elles menaceront les flancs ou les derrières des armées qui chercheraient à tourner la région fortifiée et, si l'attaque a lieu de front, elles se porteront à leur rencontre, en s'appuyant aux ouvrages de la région.

Mode de constitution d'une région fortifiée à l'aide d'un rideau défensif. — Une région fortifiée se compose d'un rideau défensif formé d'un certain nombre de positions d'arrêt occupées par des ouvrages permanents, de façon à maîtriser les principales voies de communication qui le traversent. Mais, ainsi constituée par un rideau, cette région n'aurait d'autre valeur que celle des cordons de forteresse condamnés depuis longtemps. Aussi a-t-on appuyé chaque extrémité du rideau défensif à une grande place. On constitue ainsi, suivant une expression imagée, une sorte de digue dont les places extrêmes sont les musoirs.

Pour que la défense puisse agir en lignes intérieures, contre des colonnes cherchant à tourner le rideau à la fois par ses deux extrémités, il faut que, dans cette opération, ces colonnes soient effectivement séparées l'une de l'autre. D'où la nécessité de donner à la région fortifiée une longueur correspondant à deux journées de marche.

On renforce généralement le rideau défensif en le couvrant d'un obstacle naturel, tel qu'une ligne de falaises, un cours d'eau, etc.

Un fleuve, tel que le Rhin pour l'Allemagne, constitue à lui seul un véritable rideau et une base à la fois offensive et défensive. Il suffit, en effet, de protéger les points de passage principaux par des têtes de ponts. On obtient ainsi des régions fortifiées du même genre que celle des frontières artificielles ; le fleuve remplace les ouvrages d'arrêt de celles-ci.

Mode de constitution des ouvrages dont se compose le rideau. — Nous avons dit comment il convenait de constituer les grandes forteresses qui forment les extrémités de la région fortifiée.

Quant aux ouvrages du rideau, nous pensons qu'ils peuvent être moins forts que ceux complètement isolés dont nous avons parlé précédemment, parce qu'ils sont moins exposés. En effet, pendant la mobilisation, ils servent de base à des troupes de couverture qui opèrent en avant d'eux. Ce n'est qu'après que ces troupes se sont retirées que les ouvrages sont livrés à eux-mêmes. Supposons ce cas. L'assiégeant peut chercher à forcer le rideau et à s'emparer d'un ou de plusieurs ouvrages qui le constituent. Mais il ne peut négliger les deux grandes places extrêmes dont la réserve de garnison est une menace pour ses communications. Et quand même le rideau serait percé, il faudrait encore masquer ces places auxquelles il s'appuie. On voit ainsi quelle est l'importance des grandes forteresses convenablement situées.

Il est clair que, s'il était toujours possible, eu égard aux considérations stratégiques qui seules déterminent les emplacements des forteresses, de placer celles-ci de façon à couvrir leurs intervalles par un obstacle sérieux, les ouvrages du rideau se réduiraient à de simples postes de surveillance disposés aux points convenables.

Mais si cet obstacle fait défaut ou est insuffisant, et si les ressources du pays le permettent, on constitue les ouvrages du rideau défensif à peu près comme ceux d'une grande forteresse, afin de prolonger le plus longtemps possible leur résistance.

II. — Attaque et défense des positions d'arrêt faisant partie d'un rideau défensif.

Tant que les troupes de couverture opèrent sous la protection de la région fortifiée, elles reçoivent des ouvrages qui la composent un appui semblable à celui que la position principale d'une grande forteresse prête aux troupes de la réserve générale qui opèrent à l'extérieur et à celles qui défendent ensuite les centres de résistance de la position avancée.

Si les troupes de couverture sont refoulées ou doivent abandonner le rideau pour se porter ailleurs, les ouvrages sont alors livrés à eux-mêmes. Sans doute, ils n'assurent pas, comme ceux d'une grande forteresse, le flanquement des intervalles qui les séparent, mais ils se prêtent quand même un appui réciproque. — Ils sont, en effet, conjugués, c'est-à-dire que chacun d'eux défend les voies de communication importantes par lesquelles on pourrait tourner le voisin.

Cependant, s'ils peuvent interdire le passage à des troupes nombreuses et à du gros matériel, il n'est pas impossible aux colonnes légères de s'engager dans les intervalles à la faveur de la nuit ou du brouillard et d'investir un ou plusieurs ouvrages du rideau pour en faire ensuite le siège.

Les modes d'attaque et de défense de ces ouvrages sont les mêmes que dans le cas des forts d'arrêt complètement isolés, avec cette différence cependant qu'il faut tenir compte des places extrêmes auxquelles s'appuie le rideau, ainsi que nous l'avons fait ressortir précédemment.

Remarque. — Nous pouvons nous demander dans quel cas il peut être nécessaire d'attaquer les ouvrages qui font partie d'un rideau défensif.

D'après ce que nous venons de dire, ces ouvrages sont livrés à eux-mêmes après le départ des troupes de couverture. Au début de la guerre, par exemple, l'un des adversaires peut chercher à troubler la concentration, en arrière de la région fortifiée, de l'armée opposée. Dans ce but, il fera ses efforts pour réduire, le plus vite possible, un ou plusieurs ouvrages du rideau défensif.

Mais lorsque la concentration est achevée, la région fortifiée n'est plus livrée à elle-même ; l'armée dont elle a couvert le rassemblement va s'en servir pour prendre l'offensive ou agir ainsi que nous l'avons dit, si elle est réduite à la défensive.

Ce n'est que dans le cas où, complètement refoulées à l'intérieur du territoire, les armées seraient obligées d'abandonner la frontière que les régions fortifiées seraient de nouveau livrées à elles-mêmes. — Mais alors, il n'est pas nécessaire d'attaquer les ouvrages du rideau défensif, à moins qu'ils ne commandent des voies de communication de première importance. — Le siège des places fortes extrêmes est bien plus urgent. — Elles sont une menace pour l'envahisseur ; ses communications avec sa base ne peuvent être complètement assurées que s'il parvient à annihiler l'action de ces forteresses par un blocus ou par un siège régulier.

Toutefois, le siège des forts d'arrêt situés dans leur voisinage immédiat doit être entrepris en même temps que les opérations de l'investissement, qui ne saurait être complet tant que ces ouvrages seront au pouvoir des défenseurs.

CHAPITRE II

DES POSITIONS D'ARRÊT SITUÉES EN PAYS DE MONTAGNE.

Caractère des pays de montagne (fig. 6). — On peut définir ainsi l'allure des pays de montagne. Une ligne de faîte coupée par un certain nombre de dépressions ou cols ; puis, de chaque côté de ces cols, sur les deux versants de la montagne, des vallées d'abord encaissées et s'élargissant ensuite au fur et à mesure qu'elles approchent de la plaine. Ce sont les vallées principales. — D'autres vallées dites secondaires aboutissent aux vallées principales.

Les massifs situés entre ces diverses vallées sont le plus souvent infranchissables ou tout au moins difficilement praticables. Les communications ont lieu de l'une à l'autre par des cols peu nombreux qui ne peuvent être franchis, pour la plupart, que par des piétons ou des mulets de bât, dans la belle saison seulement, c'est-à-dire des derniers jours de juin aux premiers jours d'octobre.

Il résulte de cette configuration du sol que, sur un théâtre d'opérations militaires en pays de montagne, les points à occuper sont les suivants :

1° Les cols ou dépressions qui découpent la ligne de faîte, c'est-à-dire les têtes des vallées principales que l'un des adversaires doit interdire à l'autre s'il possède les

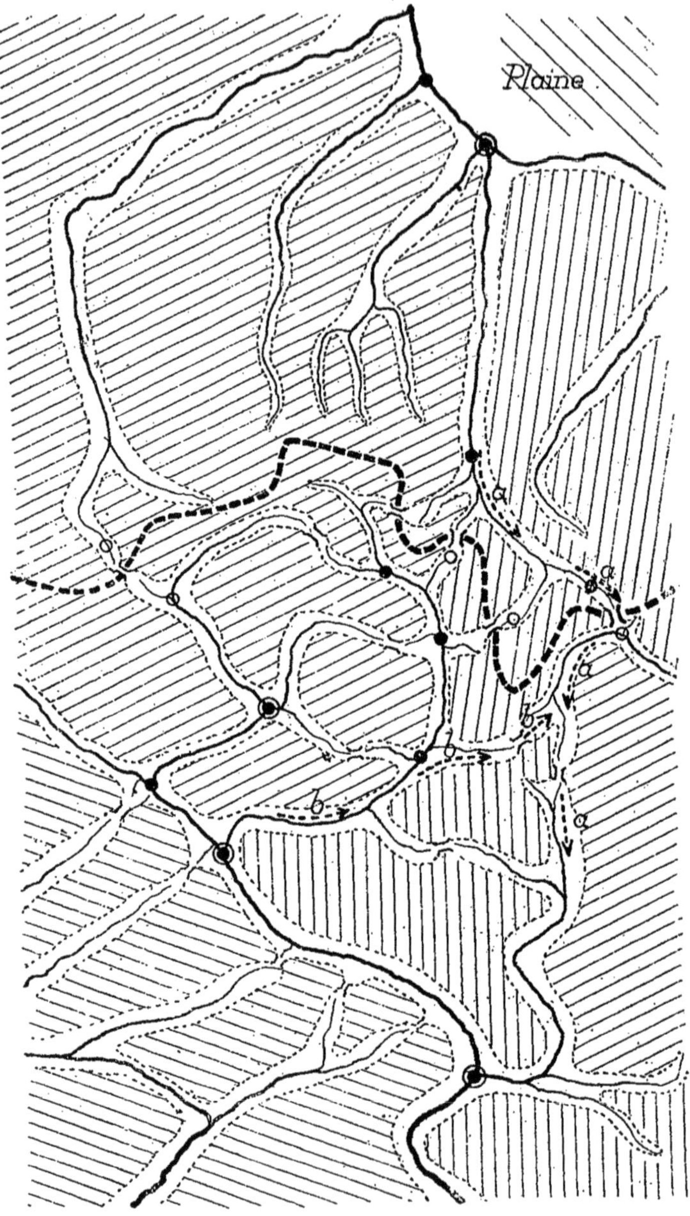

Fig. 6. — Schéma d'une portion de frontière en pays de montagne $\left(\frac{1}{1\,200\,000}\right)$. ⊙, place de montagne; ●, position d'arrêt occupée par des ouvrages permanents; ○, position d'arrêt occupée par des ouvrages seulement préparés; ▬ ▬ ▬ ▬, ligne de faîte, frontière politique; <- - a - - -, marche suivie par les colonnes de l'attaque; - - b - - >, marche suivie par les colonnes de la défense.

cols, dans le cas où la frontière politique suit la ligne de faîte ou lui est parallèle ;

2° Les points de convergence des vallées secondaires et des vallées principales, dans le but d'obtenir, à l'aide des premières, des lignes de manœuvres transversales pour agir offensivement sur les flancs ou les derrières des colonnes ennemies ;

3° Les cols ou points de séparation des vallées secondaires, dans le même but. Mais, en général, on ne fait pas en ces points des travaux de fortification permanente ;

4° Enfin, les points de convergence de plusieurs vallées principales ou secondaires. Ce sont des positions centrales dont l'occupation s'impose et c'est en ces points que se trouvent, en général, les places de montagne.

Pour ce qui concerne plus particulièrement les places de montagne, étant données les difficultés d'accès d'une vallée dans une autre, ainsi que nous venons de le dire, leur organisation aura pour but d'interdire à l'ennemi chacune de ces vallées et de surveiller les crêtes qui les séparent à l'aide de postes convenablement situés et occupés par peu de monde.

Ainsi *la fortification en pays de montagne se réduit à l'occupation des positions d'arrêt* situées aux points que nous venons d'indiquer.

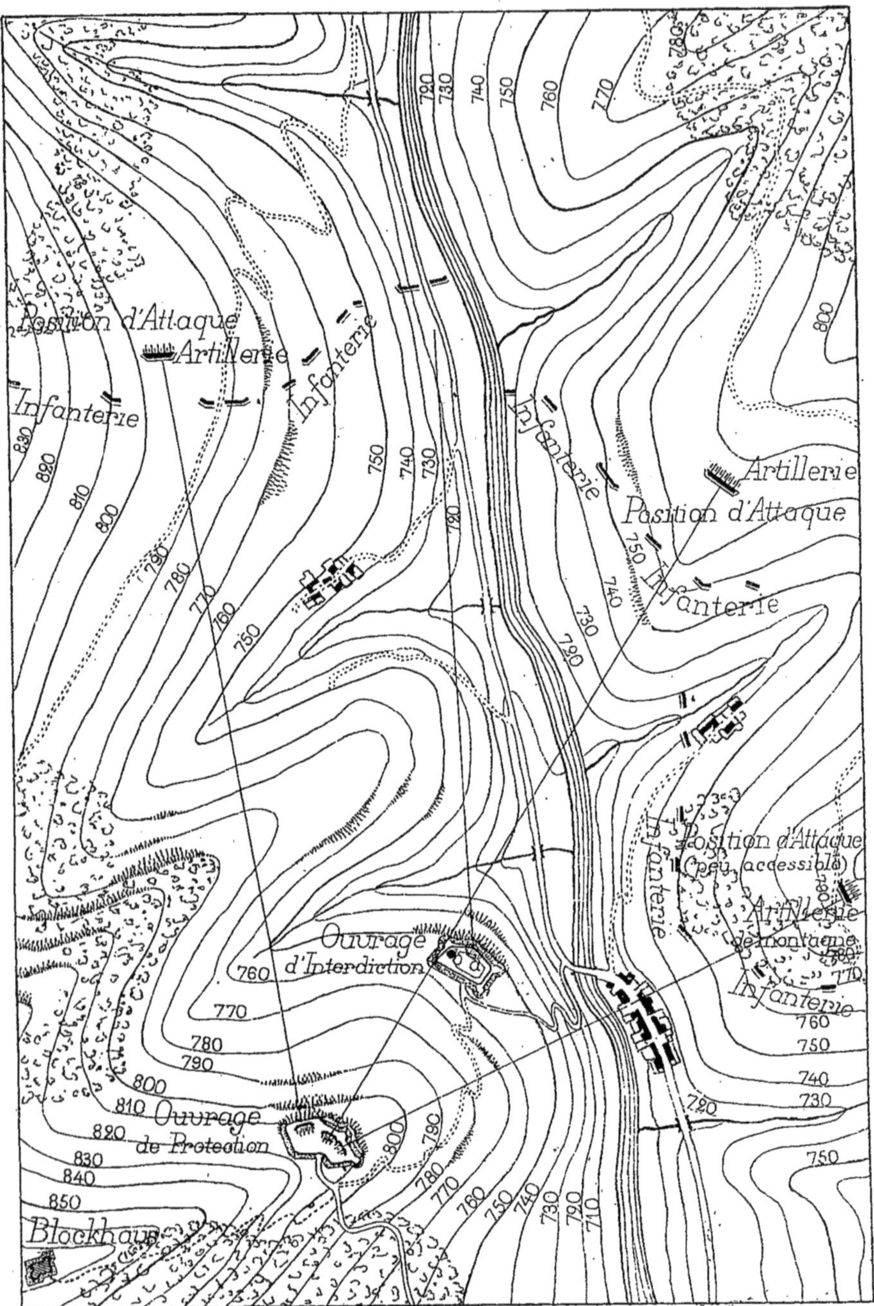

Fig. 7. — Occupation d'une position d'arrêt en pays de montagne $\left(\frac{1}{20000}\right)$.
Équidistance = 10 m. — *a*, batterie-caverne ; *b*, tourelle pour pièces à tir rapide.

I. — Organisation des positions d'arrêt en pays de montagne (fig. 7).

Emplacement de l'ouvrage d'interdiction. — La vallée que la fortification a pour but de maîtriser doit pouvoir être battue par un tir de plein fouet ; il est indispensable que l'ouvrage chargé de la battre soit dans les mêmes conditions atmosphériques que cette vallée. Il en résulte que la fortification à laquelle est dévolu ce rôle d'interdiction doit être établie à une altitude peu élevée au-dessus de la vallée.

Emplacement de l'ouvrage de protection. — Mais cette fortification sera généralement dominée par les positions de l'attaque. D'où la nécessité de construire à la même altitude que ces dernières, ou à une altitude un peu plus élevée, si c'est possible, un ouvrage dit de protection, contenant une artillerie suffisante pour contrebattre les positions dangereuses.

Emplacement du blockhaus. — Enfin, pour appuyer les postes destinés à surveiller les crêtes qui séparent deux vallées consécutives, on construira un ou plusieurs blockhaus sur ces crêtes.

Mode d'organisation des ouvrages. — *Ouvrage d'interdiction.* — Nous ne saurions entrer dans beaucoup de détails au sujet du mode d'organisation des ouvrages. Nous dirons seulement que les batteries-cavernes sont à préconiser pour abriter les pièces chargées du rôle d'interdiction. La nature du sol se prête très bien à leur installation. Les coups d'embrasure, les seuls qu'elles aient à craindre, sont plus difficiles à obtenir qu'on le suppose, surtout en pays de montagne [1].

L'ouvrage sera muni d'abris-cavernes. Mais, pour les rendre plus sains, il conviendra de ne les enfoncer que juste à la profondeur suffisante pour l'organisation des locaux et de les recouvrir d'une carapace en béton de ciment.

Des pièces légères et à tir rapide concourront avec l'infanterie à la défense propre du fort. On pourrait les abriter sous des tourelles à éclipse du modèle le plus simple ou sous des casemates creusées dans le roc et recouvertes d'une voûte en béton. Dans ce dernier cas, le champ de tir serait assez réduit, afin de ne pas avoir des embrasures trop grandes. Aussi les tourelles sont-elles préférables quoique d'un prix de revient plus élevé.

L'obstacle sera généralement formé d'un escarpement, sauf à la gorge devant laquelle s'étendra un fossé creusé dans le roc. L'escarpement et le fossé seront surveillés du haut de l'escarpe et bien battus, soit par des feux directs à travers des créneaux ou au-dessus d'un mur à bahut, soit par des feux de flanc obtenus par des bastionnets.

Ouvrage de protection. — L'armement de l'ouvrage de protection sera constitué par des pièces à longue portée ayant pour objectif les positions de l'attaque, des pièces courtes et des mortiers pour fouiller les ravins. Elles peuvent être placées à ciel ouvert, si on domine les positions dangereuses ou si l'on se trouve à peu près à la même altitude qu'elles.

---

1. On peut aussi cuirasser le pourtour de l'embrasure et la fermer par un disque métallique mobile.

Mais on peut aussi disposer quelques-unes de ces pièces dans des batteries-cavernes bien orientées sur ces positions.

Le mode d'occupation qui semble de beaucoup le plus économique consiste à disposer un ensemble de batteries (en cavernes ou à ciel ouvert) à l'intérieur d'une enveloppe constituée par un escarpement ou un fossé creusé dans le roc avec escarpe surmontée d'un mur à bahut, le tout bien flanqué comme pour l'ouvrage d'interdiction.

A l'intérieur de l'enveloppe, on disposera, aux points convenables, des crêtes pour l'infanterie et des emplacements pour pièces légères et à tir rapide, dans le but d'assurer la défense propre de l'ouvrage.

Les abris-cavernes seront construits au-dessous du terre-plein et recouverts d'une carapace en béton dont l'extrados affleurera le niveau du sol supérieur, comme dans le cas précédent.

Des tourelles pour pièces à tir rapide sont moins nécessaires que pour l'ouvrage d'interdiction, parce que l'emplacement de l'ouvrage de protection est choisi de façon à ne pas être dominé par les positions de l'attaque.

Blockhaus. — Les blockhaus sont de simples constructions en maçonnerie, des maisons entourées d'un fossé flanqué au moyen de petits bastionnets. Ils contiendront, comme les forts, des magasins pour les approvisionnements et seront munis de citernes.

II. — Attaque et défense des positions d'arrêt situées en pays de montagne.

Marche des opérations en pays de montagne. — Les premiers combats auront lieu dans le voisinage des cols frontières. — Considérons le cas de l'adversaire dont les troupes ont été refoulées après les engagements préliminaires. Il se replie sur de bonnes positions appuyées par les ouvrages permanents établis aux cols mêmes ou en arrière de ces cols, s'il ne les possède pas. Supposons qu'il soit encore battu sur ces positions, les ouvrages à partir de ce moment sont livrés à eux-mêmes. S'ils tombent au pouvoir de l'envahisseur, la lutte sera reportée autour des places fortes qui occupent des positions stratégiques.

Il est clair que, grâce à la fortification, le défenseur a beaucoup de facilité pour contrarier les mouvements de l'ennemi. Il possède le libre accès des vallées secondaires ; les troupes de réserve concentrées dans les positions centrales, situées aux points de convergence des vallées et défendues par des places fortes, peuvent, en suivant les vallées judicieusement choisies, tomber sur les flancs ou les derrières des colonnes ennemies. Le jeu de ces réserves est indiqué sur la figure schématique (fig. 6).

Enfin, supposons que la défense soit, malgré tous ses efforts, réduite à ses places de montagne et étudions l'attaque et la défense de ces forteresses[1].

1. Nous verrons dans un instant que les principes que nous allons exposer sont applicables aux positions d'arrêt que l'envahisseur a été obligé de forcer successivement pour arriver jusqu'aux places de montagne.

A. — Conduite de l'attaque.

Nous venons d'indiquer, en quelques mots, la marche des opérations extérieures exécutées par les troupes mobiles. Voyons comment a lieu l'investissement de la place forte.

Il diffère essentiellement de celui dont nous avons parlé à propos des places situées en pays moyennement accidenté. Il ne peut pas être exécuté par une marche circulaire des colonnes autour de la forteresse, mais bien par une marche concentrique de ces colonnes isolées les unes des autres par les massifs montagneux qui séparent les vallées.

Le plus souvent aussi l'investissement ne pourra pas être complet, parce qu'il ne sera pas possible à l'assiégeant d'intercepter les vallées sur tout le pourtour de la place.

Si nous prenons comme exemple la forteresse de Briançon, l'envahisseur, pénétrant chez nous à la fois par tous les cols frontières voisins (cols de l'Échelle, du mont Genèvre, de Gimont et de Bousson), ne pourra réaliser l'investissement complet de la place qu'après avoir fait tomber le fort de l'Olive et forcé la crête de Peyroles (cols de Granon et de Buffères), du côté du nord, et après avoir pris la grande Maye, du côté du sud. Il devra faire, en quelque sorte, un siège partiel de la place.

Le problème à résoudre serait tout aussi difficile pour investir Grenoble et Albertville.

Ainsi l'investissement consiste à intercepter les vallées

qui conduisent à la forteresse. Il ne peut être complet et les troupes qui l'assurent n'ont, en général, aucune liaison entre elles, parce qu'elles sont séparées par des obstacles infranchissables ou difficilement praticables.

D'après cela les opérations de l'attaque se réduisent à *faire le siège d'une ou plusieurs positions d'arrêt barrant les vallées.*

Attaque proprement dite. — La méthode d'attaque qu'il nous semble le plus rationnel d'employer est la suivante :

Après avoir délogé les troupes mobiles des positions extérieures favorables à l'attaque des ouvrages, on établira le plus vite possible, sur ces positions, suivant les facilités plus ou moins grandes d'accès, de l'artillerie de campagne ou de montagne ; puis un tir d'obus à mitraille sera ouvert sur les ouvrages de protection et d'interdiction, afin d'annihiler leur action à ciel ouvert.

Si les voies d'accès le permettent, on amènera des pièces de siège sur les positions d'attaque et on entamera l'œuvre de désorganisation des ouvrages. Après quoi, l'assaut sera donné par surprise pendant la nuit ou de jour par un temps brumeux.

Les attaques de front doivent être proscrites en principe, étant données les difficultés d'escalader les escarpements qui précèdent les ouvrages. Il faut chercher à menacer leur gorge.

Les colonnes d'assaut auront la composition que nous avons indiquée. Mais au début, il convient encore, bien plus que pour les ouvrages d'arrêt situés en pays moyennement accidenté, de n'engager que peu de monde, parce qu'en cas d'échec la retraite sera très difficile. Les réserves spéciales ne doivent entrer en jeu, en quelque sorte qu'à coup sûr, lorsque les têtes de colonnes auront réussi.

Ainsi une attaque de vive force combinée avec la surprise, telle est la méthode d'attaque qui nous semble devoir être le plus facilement employée.

Une attaque régulière peut être considérée, sinon comme impossible, du moins comme très difficile, en raison de la nature rocheuse du sol et du commandement des ouvrages sur le terrain des attaques.

Si les voies d'accès ne permettent pas d'amener du canon de siège sur les positions d'attaque, il faut les améliorer ou en construire d'autres de toutes pièces, sous la protection de l'artillerie légère restée en position. Mais c'est une opération de longue durée dont il ne faut pas se dissimuler les difficultés, qui seront d'autant plus grandes que le ravitaillement en munitions et en vivres ne sera pas toujours facile.

D. — Conduite de la défense.

La défense est dans de bonnes conditions. Elle peut opérer en lignes intérieures et battre successivement chacune des colonnes de l'assiégeant. Celui-ci, vu l'exiguïté du front d'attaque, ne peut tirer parti de sa supériorité numérique.

Les troupes mobiles devront lutter jusqu'à la dernière extrémité sur les positions extérieures[1] (sortes de posi-

1. Ces positions ne s'étendent généralement pas à plus de 1 800 à

tions avancées par rapport aux ouvrages), bien appuyées par leur canon. Si elles sont forcées de les abandonner, l'artillerie des ouvrages les canonnera avec vigueur pour empêcher l'assiégeant de s'y installer. Celui-ci sera d'ailleurs gêné par les difficultés de s'approvisionner en munitions et, s'il réussit à ouvrir le feu, son tir ne peut pas avoir assez de continuité pour annihiler complètement l'artillerie à ciel ouvert disposée dans les ouvrages. Si ceux-ci sont munis de batteries-cavernes, l'attaque se trouve dans des conditions d'infériorité évidente.

Dans le cas où les troupes mobiles n'auraient pas complètement abandonné la position, elles devraient saisir toutes les occasions favorables pour prononcer des retours offensifs. Elles chercheraient surtout à agir sur les communications de l'ennemi.

Si, au contraire, la garnison des ouvrages est définitivement livrée à elle-même, son faible effectif ne lui permettra pas de se porter à l'extérieur, loin de ses points d'appui permanents. Elle se bornera à en défendre les abords immédiats. Elle devra être très vigilante pour éviter d'être surprise et, au moment de l'assaut, sa conduite est celle que nous avons indiquée à propos des attaques tentées contre les ouvrages situés en pays moyennement accidenté.

Tant que le défenseur restera en position, l'ennemi ne

---

2 000 m des ouvrages permanents, afin d'en recevoir un appui efficace. En pays de montagne, les nuages, les brouillards sont un inconvénient sérieux pour le défenseur ; ils l'empêchent de voir le terrain extérieur et il faut éviter que les troupes qui défendent ce terrain aient leur retraite coupée.

pourra pas se servir des voies de communication que les ouvrages commandent. Or, en pays de montagne, la fortification est établie dans d'excellentes conditions ; nous avons vu que, grâce à la nature du sol, il était facile de construire des abris et des batteries-cavernes et d'entourer les ouvrages d'un obstacle sérieux. Le défenseur a des vivres et des munitions en abondance, des pièces de gros calibre.

L'assiégeant, au contraire, ne peut s'approvisionner qu'avec beaucoup de difficulté ; il ne trouve, pour vivre, presque aucune ressource dans le pays qu'il occupe. Bien souvent, les voies de communication seront insuffisantes et il devra en construire de nouvelles pour amener des pièces de siège sur les positions d'attaque.

Ajoutons qu'une retraite générale, en cas d'échec, est une opération des plus dangereuses ; les convois peuvent difficilement faire demi-tour ; ils encombreront les routes ; les troupes s'entasseront les unes sur les autres. Elles seront à la merci du défenseur, si celui-ci reprend l'offensive à ce moment.

Aussi sommes-nous d'avis que les ouvrages d'arrêt situés en pays de montagne donnent aux troupes mobiles le plus sérieux appui et constituent une excellente défense.

TROISIÈME PARTIE

ORGANISATION, ATTAQUE ET DÉFENSE DES PLACES DU MOMENT

CONSIDÉRATIONS GÉNÉRALES

Les places du moment, auxquelles on a eu recours à toutes les époques de l'histoire militaire, auraient dans une guerre future au moins autant de services à rendre que par le passé. — Pour comprendre la valeur de ces services, il suffit d'énumérer les cas dans lesquels il sera nécessaire de recourir à ce genre de places.

1° *Dans l'offensive.* — Une armée doit assurer ses communications avec sa base ; il est nécessaire de mettre certains points de ces communications à l'abri d'un coup de main et même de leur permettre de résister assez longtemps à une tentative sérieuse de l'ennemi, pour que l'armée qui est en avant puisse se replier en sûreté.

Ces points faciles à définir sont : les passages de cours d'eau, c'est-à-dire les ponts permanents doublés de ponts de circonstance établis dans le but de hâter l'écoulement des troupes ; les défilés, si importants, surtout en pays de montagne ; les stations têtes d'étapes de guerre où l'on débarque tous les convois faits aux armées, où l'on embarque le personnel (malades et blessés), le matériel inutilisable, etc., destinés à être évacués sur les places de l'extérieur ; les stations-magasins installées dans la zone des armées. Ces deux échelons du service de l'arrière renferment l'un et l'autre une fraction du grand parc d'artillerie, beaucoup de matériel des services de l'intendance et du génie. Toutes ces installations doivent être protégées. Les organisations défensives que l'on établira jalonneront, en outre, les communications de l'armée avec sa base et en assureront la sécurité.

Il peut aussi être utile, dans l'offensive, de constituer sur le territoire conquis de solides points d'appui donnant les moyens de se maintenir parmi les populations ennemies et facilitant la marche des armées d'invasion.

2° *Dans la défensive*, le rôle des places du moment n'est pas moins utile que dans l'offensive. Elles suppléent à l'insuffisance des places permanentes et ont cet avantage qu'elles peuvent être mieux placées qu'elles pour répondre aux exigences de la situation. Elles servent à constituer des têtes de ponts, à couvrir des points d'une grande valeur défensive et à appuyer les armées nationales refoulées sur leur territoire.

Quelques exemples ayant trait à la défense de la France feront bien saisir l'importance des places du moment au point de vue défensif.

Ainsi, une tête de pont double, établie à Montereau, donne toute liberté à une armée ayant pris pied sur le plateau de passer d'une rive à l'autre de la Seine. Si, en 1814, elle avait existé, Napoléon n'aurait pas été obligé de livrer une bataille pour forcer le passage du fleuve.

S'appuyant sur cette position, il eût pu en toute sûreté se porter à la rencontre de l'armée autrichienne.

Orléans, sur la Loire, est une tête de pont de grande valeur. Il existe, en effet, un vaste camp retranché naturel compris entre le coude de la Loire, de Tours à Nevers, le Cher et le canal du Berry. Bourges, véritable place de dépôt, avec ses nombreux établissements militaires, est à l'intérieur du camp retranché. Une armée peut s'y retirer et s'y refaire, après avoir été battue, et partir de là pour reprendre l'offensive. Les débouchés de Tours, Orléans et Nevers lui donnent les moyens de se porter sur la rive droite de la Loire. Orléans et Nevers sont plus importants que Tours. D'Orléans, il est possible de prendre en flanc et même à revers une armée qui tenterait d'assiéger Paris. De Nevers, on communique directement avec le Morvan, ce réduit de la France d'où l'on peut tomber, par un grand nombre de directions, sur un ennemi envahissant notre territoire.

On voit ainsi le lien qui unit le Morvan au camp retranché naturel dont nous venons de parler. Mais, pour que ce dernier ait toute sa valeur, il faut établir au moins deux solides têtes de pont à Orléans et à Nevers et tenir quelques points de passage secondaires, les plus importants; les autres pourraient être détruits. L'armée rassemblée à l'intérieur du camp retranché aurait d'ailleurs, grâce aux voies de communication nombreuses qui le sillonnent, toutes facilités pour se porter sur les points menacés.

Bien qu'il ne s'agisse pas à proprement parler de places du moment, nous citerons pour mémoire les positions organisées dans le but de couvrir un point d'une grande importance, comme, par exemple, une ville présentant de nombreuses ressources ou une capitale qui n'aurait pas été fortifiée pendant l'état de paix. Telles sont les lignes de Torrès-Védras que Wellington établit en 1811 en vue de protéger Lisbonne contre l'armée de Masséna et celles de Florisdorf construites en 1866 sur la rive gauche du Danube, en avant de Vienne, dans le but de recueillir l'armée de Benedek et de défendre la capitale de l'Autriche contre l'armée prussienne. De nos jours, le mode d'organisation de ces positions serait le même que celui des différentes lignes de défense qui constituent les places du moment.

Des considérations générales qui précèdent, nous conclurons :

1° Que les places du moment peuvent avoir une étendue et une importance très variables, depuis le gîte d'étape jusqu'à la place à ouvrages détachés.

2° Destinées à servir d'appui aux armées, elles ne seront pas longtemps livrées à elles-mêmes, si ce n'est dans le cas où ces armées seraient complètement refoulées. Leur résistance dépendrait alors de leur mode d'organisation, c'est-à-dire du temps et des moyens dont on a disposé pour les établir.

Par conséquent, tant que les armées amies ne se seront pas définitivement retirées, ces places ne sauraient être investies sérieusement ; l'ennemi ne pourrait pas constituer un parc d'artillerie pour en faire le siège régulier, parce que sa situation serait trop précaire. Il disposera tout au plus d'un parc léger de siège.

Mais, les armées repliées, la place sera exposée à tous les genres d'attaque en usage de nos jours[1].

D'après cela, nous distinguerons deux cas : celui où les places seront livrées à leurs seules ressources pendant peu de temps, jusqu'à l'arrivée des armées auxquelles elles servent d'appui et celui où leur rôle défensif devra s'exercer même après le départ de ces armées. Ce n'est qu'exceptionnellement que les places de cette deuxième espèce seront à l'avenir constituées de toutes pièces au moment du besoin ; on a prévu leur organisation dès le temps de paix ; ce sont les places de 2e ligne, les objectifs principaux. Quant aux forteresses de 1re ligne, nous savons qu'elles sont toutes organisées à l'avance.

---

1. On nous objectera peut-être que le fait d'être liées aux armées caractérise aussi bien les places permanentes que celles du moment. Sans doute ; mais les premières doivent résister même lorsqu'elles n'ont aucun secours à attendre de ces armées. Elles ne sont pas isolées ; elles font, au contraire, partie de régions fortifiées. Leur rôle consiste à arrêter l'ennemi à la frontière même, à intercepter ou menacer ses communications, à assurer la mobilisation et la concentration des armées nationales, à favoriser leur offensive en leur servant de base et, après une défaite, à permettre à ces armées de se refaire et de reprendre leur marche en avant.

Tel n'est pas le cas d'une place du moment. Elle est complètement isolée et son rôle cesse au départ des armées qu'elle appuyait. Supposons, en effet, qu'en 1870 l'armée de Faidherbe ait refoulé hors de notre territoire la 1re armée allemande qui avait commencé à organiser à Rouen une place du moment. Quel était dès lors le rôle de cette place ? Sa garnison, au lieu de résister après le départ de l'armée allemande, avait, au contraire, intérêt à ne pas s'en faire couper et à se retirer avec elle.

De même, les places de Tours, Orléans et Nevers, très utiles pendant qu'une armée se rassemblerait ou se reformerait à l'intérieur du camp retranché naturel dont nous avons parlé, n'auraient plus de raison d'être après que cette armée aurait définitivement abandonné le camp retranché.

Nous nous occuperons donc surtout des places de la 1re espèce, intimement liées aux armées[1].

1. Nous ferons remarquer que s'il était nécessaire d'improviser celles de la 2e espèce, leur organisation aurait lieu d'après les mêmes principes que pour les places permanentes, en tenant compte, bien entendu, du temps et des moyens dont dispose le défenseur. Cette condition pourra conduire à diminuer la distance de la position principale au noyau central, afin de réduire l'étendue du périmètre défensif et, par suite, les habitations du noyau ne seront pas mises complètement à l'abri d'un bombardement exécuté avec des pièces de siège à longue portée. D'où la nécessité, dans ce cas, de résister le plus longtemps possible sur la position avancée dont nous avons fait connaître le rôle, l'emplacement et les conditions d'organisation, à propos des forteresses permanentes. (Voir la première partie.)

CHAPITRE Ier

MODE D'ORGANISATION DES PLACES DU MOMENT.

A. — Places situées en pays moyennement accidenté.

Principes généraux. — Nous ne chercherons pas à mettre le noyau d'habitations, s'il existe, à l'abri d'un bombardement exécuté avec des pièces à longue portée; cela n'est pas nécessaire, d'après ce que nous venons de voir. Nous disposerons nos lignes ou positions défensives de façon à préserver, autant que possible, les habitations contre le tir des pièces de campagne et des équipages légers de siège.

A cet effet, notre artillerie de combat sera placée à une distance d'environ 2500 à 3000 m du noyau. Elle se composera de pièces de campagne (80 et 90 mm) et de pièces mobiles de siège (95, 120c et 155 court). Si, cependant, il nous était possible d'avoir quelques canons de 120 long, nous les mettrions en batterie sur les points les plus convenables pour battre à grande distance les voies de communication qui conduisent à la place.

Si, au lieu d'un noyau d'habitations, il s'agit d'un ou de plusieurs ponts ou d'un défilé, on adoptera les mêmes distances, afin de pouvoir commodément déboucher et d'avoir à l'intérieur du périmètre défensif une étendue suffisante pour les rassemblements et les mouvements de troupes.

Nous aurons donc une *position principale de défense* située à une distance de 3000 m au plus du noyau ou du point à couvrir[1]. Elle recevra toute l'artillerie de combat et celle-ci sera protégée par des points d'appui constitués par des ouvrages ou des localités mises en état de défense.

Afin de la soustraire le plus possible aux coups de l'artillerie ennemie, la position principale se développera dans le voisinage du sommet des plateaux qui entourent les points à couvrir, si ces plateaux ont une largeur suffisante. Dans ce cas, une *avant-ligne* sera disposée de façon à battre les pentes tournées du côté de l'attaque.

Mais si les plateaux occupés manquaient de largeur, l'avant-ligne et la position principale pourraient se confondre. Les points d'appui pour l'infanterie se développeraient dans le voisinage de la crête militaire et l'artillerie de combat serait placée en arrière du sommet des plateaux. Dans les cas où il existerait, à une distance de 800 à 1000 m de la ligne principale, une position favorable à l'attaque, on y porterait l'avant-ligne. Nous ne pensons pas qu'elle puisse s'étendre beaucoup plus loin, parce que le front défensif serait trop grand et cette avant-ligne ne recevrait pas un appui efficace de la position principale. Cet appui s'exerce surtout par le fusil et quelques pièces de campagne disposées dans ce but ; les

---

1. Cette distance dépend surtout du terrain.

autres, ainsi que les pièces de siège, sont destinées à prendre part à la lutte d'artillerie. D'ailleurs, les canons faisant du tir indirect, sont peu propres à agir sur des troupes pendant l'assaut et, par suite, à appuyer l'avant-ligne.

Il faut toujours proportionner l'étendue du périmètre à défendre aux troupes dont on dispose. On fera en sorte, par une bonne utilisation des obstacles passifs, que le développement des lignes de défense soit en rapport avec l'effectif de la garnison.

On objectera que les obstacles passifs permettent à l'ennemi d'investir plus facilement la place. Nous remarquerons que dans le cas actuel, cette objection n'a pas de valeur, puisque la place servant d'appui à une armée ne restera pas longtemps investie. Ensuite, nous distinguerons entre les divers obstacles passifs ceux qui, comme les inondations, limitent à la fois les fronts de l'assiégé et de l'assiégeant, tout en divisant, si elles sont suffisamment étendues, les forces de ce dernier, et les abatis, par exemple, d'où l'on peut déboucher, qui exigent peu de monde pour leur défense et nécessitent, pour être enlevés, de grands efforts de la part de l'attaque.

Enfin, d'une manière générale, une ligne de défense dont les ailes sont appuyées à des obstacles passifs convenablement surveillés, n'a pas à craindre les mouvements débordants de l'assiégeant.

Des magasins aux munitions seront établis à une distance d'environ 1000 m en arrière des batteries en des emplacements défilés. Ce seront des *dépôts intermédiaires* contenant des munitions confectionnées. Ils serviront à ravitailler les batteries. S'il est possible d'installer pour chacune d'elles un magasin suffisamment à l'abri des coups de l'attaque, il contiendra l'approvisionnement réglementaire des pièces. Dans le cas contraire, cet approvisionnement sera réparti dans des niches disposées à proximité des batteries et dans les dépôts intermédiaires correspondants.

Dans un ou plusieurs *grands magasins,* suivant l'étendue de la place, on disposera le complément des approvisionnements et on fera les manipulations nécessaires.

De *bons chemins* réuniront entre eux les éléments de la défense. Peut-être sera-t-il possible de les doubler de voies ferrées étroites (voies de 1 m) à traction de chevaux, grâce aux ressources de la place (matériel des entrepreneurs de travaux publics ou de l'industrie privée).

En résumé, une place du moment sera à peu près constituée comme la position de soutien d'une forteresse permanente. En outre, une enceinte de circonstance entourera, suivant le cas, le noyau d'habitations civiles ou les points à couvrir, tels que les passages de cours d'eau, les défilés, etc.

§ 1er. — Organisation de la position principale de la défense.

La position principale, disposée comme nous venons de le dire, sera jalonnée par un certain nombre d'ouvrages ou de localités mises en état de défense. On donnera, en général, la préférence aux ouvrages, parce qu'ils seront mieux situés pour assurer un bon flanquement des intervalles qui les séparent. Ce flanquement devra pouvoir s'exercer par le fusil, ce qui exige que les ouvrages soient à une distance de 800 à 1000 m[1] les uns des autres et qu'ils se voient deux à deux. Si l'on dispose de pièces à tir rapide, on les emploiera concurremment avec le fusil. Des canons de campagne pourront aussi, dans le même but, être placés en arrière des flancs, dans des batteries-annexes comprises dans le réseau de défenses accessoires des points d'appui.

Mode d'organisation des ouvrages. — Les ouvrages devront être aussi solides que possible. On ne pourra pas flanquer les fossés par des coffres de contrescarpe à l'épreuve, ni construire une contrescarpe suffisamment résistante. Aussi le profil triangulaire qui assure le flanquement direct par les crêtes sera-t-il généralement employé.

Si le terrain était trop incliné vers l'ennemi, ce profil ne pourrait pas être appliqué. On se résignerait alors à laisser le fossé en angle mort. On en garnirait le fond avec des défenses accessoires qu'il serait peut-être possible de surveiller[2] de la crête intérieure, en raccordant par une portion cylindrique le plan de la plongée avec le talus extérieur.

Les ouvrages devront être le moins possible visibles de loin. On leur donnera, en conséquence, un relief qui ne dépassera pas 3 m. L'épaisseur du parapet sera d'une dizaine de mètres (au minimum 6 m). On les munira d'abris contre la mitraille.

1. Les ouvrages sont plus rapprochés les uns des autres que ceux des places permanentes parce qu'ils sont moins forts que ces derniers.

2. Du moins les plus rapprochées de la contrescarpe.

Peut-être pourra-t-on constituer d'autres abris plus solides, complètement ou demi-enterrés et ouvrant du côté de la gorge. Si le temps le permet et si les moyens dont on dispose sont suffisants, on les organisera à peu près de la manière suivante :

On creusera une excavation à l'intérieur de l'ouvrage du côté de la gorge. On construira, à l'intérieur et à une certaine distance des parois, des murs en maçonnerie et on remplira avec de la rocaille le vide existant entre ces murs et le terrain naturel. On disposera ensuite transversalement d'autres murs pour limiter les divers locaux et on jettera par-dessus au moins deux épaisseurs de rails jointifs.

On pourrait recouvrir le tout d'une carapace de 1 m à 1,50 m de béton de ciment, si celui-ci avait le temps de faire sa prise et s'il existait dans la place en quantité suffisante [1]. A défaut de béton, on placerait au-dessus des rails au moins un cours de traverses jointives que l'on recouvrirait ensuite de terre.

Dans tous les cas, l'épaisseur totale du blindage ne dépasserait pas 2 m. Le relief de l'ouvrage étant de 3 m, l'abri de 2 m de hauteur sous plafond serait enfoncé de 1,50 m à 2 m, de façon à défiler des vues de l'extérieur la carapace ou le massif de terre qui le recouvre.

Des communications faciles relieraient l'abri avec le parapet de l'ouvrage. Les flancs de celui-ci seraient munis d'un ressaut de façon à couvrir les tireurs ou les canons à

---

1. Cette disposition pourrait être adoptée pour les ouvrages les plus importants.

tir rapide destinés à flanquer les intervalles. Ces tireurs ou ces canons pourraient, en outre, être protégés au moment du besoin par des boucliers en tôle ou par des abris improvisés[1].

Indépendamment des défenses accessoires qui garnissent le fond du fossé, on en disposera d'autres protégées par un avant-glacis, sur tout le pourtour de l'ouvrage.

Mode d'organisation des localités. — Lorsque des villages ou des bouquets de bois situés sur la position principale occuperont des emplacements convenables, on les mettra en état de défense en tenant compte des observations ci-après :

Villages. — Depuis l'adoption des obus-torpilles, nous pensons que la défense des villages doit avoir lieu presque exclusivement à la lisière extérieure, à une cinquantaine de mètres au moins des maisons. On utilisera les haies, les clôtures, etc., convenablement situées et on les renforcera par un parapet en terre d'environ 6 m d'épaisseur disposé en arrière et ne dépassant pas leur relief au-dessus du sol. De cette façon, l'organisation défensive ne sera pas visible de loin.

Dans les parties où il n'existera aucun obstacle du sol utilisable, on construira des tranchées de l'épaisseur ci-dessus. On sèmera du gazon sur le parapet, afin qu'il se confonde avec le terrain environnant si celui-ci est couvert de verdure.

1. Il serait peut-être possible de placer ces abris sous les flancs des ouvrages de manière à donner des feux rasants sur le terrain des intervalles. Dans ce cas, la crête des flancs ne présenterait pas de ressaut, mais elle pourrait être coupée par une traverse.

On assurera le flanquement au moyen du tracé.

Des défenses accessoires s'étendront en avant du front; elles seront dissimulées par un avant-glacis ou par des plis de terrain.

On ménagera des voies de retraite sur les côtés du village, car, après le bombardement, les maisons ne formeront plus qu'un monceau de ruines et les rues seront obstruées.

Quant au réduit que l'on construisait autrefois, on y suppléera en faisant battre la gorge des villages par des tranchées disposées à distance convenable.

Ainsi le massif des maisons ne sera plus utilisé que comme un masque, en arrière duquel les réserves pourront se mouvoir à couvert contre les vues de l'attaque.

Bois. — Les bouquets de bois de peu d'étendue pourront servir de points d'appui. On les organisera de la manière suivante :

La lisière extérieure sera régularisée de façon à présenter des saillants et des rentrants pour le flanquement obtenu par le fusil. On construira aux saillants des parapets d'infanterie constitués par des corps d'arbres; on remplira les vides avec de la terre et on leur donnera environ 3 m d'épaisseur. En avant s'étendront des abatis naturels sur une vingtaine de mètres. Les parapets seront disposés de façon à ce qu'on puisse tirer par-dessus ces abatis, mais sans se détacher sur le fond du bois.

Dans les intervalles de deux saillants consécutifs, on organisera de la même manière des crêtes d'infanterie en quelques points bien situés. Sur les autres points, on se bornera à faire des abatis passifs.

Le champ de tir devra toujours être dégagé, au moyen de déboisements convenables, sur une profondeur de 500 m environ en avant des crêtes d'infanterie. On aura soin de laisser dans les bas-fonds ou dans le bas des pentes les parties opposées qui ne sont pas déboisées, afin que l'ennemi ne puisse pas établir ses batteries à la lisière et que, s'il débouche, il soit dominé. Mais, afin de pouvoir observer ses mouvements, dans le cas où il se disposerait à franchir la lisière, il convient d'abattre la futaie sur une certaine étendue tout en conservant du taillis dense rasé à 1 m de hauteur au plus, afin d'entraver sa marche.

Abris. — Des abris contre la mitraille seront organisés à l'intérieur des ouvrages, ainsi que nous l'avons dit. On en disposera encore en arrière des ouvrages et des villages et à l'intérieur des bois. Leurs emplacements seront défilés contre les vues de l'attaque.

On utilisera, bien entendu, tous les abris naturels tels que carrières, souterrains, tunnels, etc., situés à proximité de la position de combat. Peut-être même, si la place n'est attaquée qu'assez tard, la garnison pourra-t-elle creuser dans les pentes tournées vers le noyau, de petites grottes constituant des abris-cavernes.

Disposition de l'armement. — Indépendamment des pièces de campagne destinées à concourir avec l'infanterie au flanquement des intervalles et à appuyer l'avant-ligne, on peut encore ménager en arrière des flancs de ses points d'appui des emplacements pour quelques-unes de ces pièces. Les autres devront prendre part à la lutte d'artillerie, ainsi que les canons de 95, de 120 long (si on en possède) et les pièces courtes.

L'artillerie de combat sera placée dans les intervalles des points d'appui; les canons longs seront disposés un peu en arrière du sommet du plateau, dans des batteries demi-enterrées construites de façon que leur crête ne dépasse pas celle du terrain. Elles seront ainsi aussi bien défilées que si elles étaient complètement enterrées et leur installation sera plus rapide.

Les pièces courtes pourront être établies de la même manière. Mais, si on veut les couvrir davantage, on les disposera un peu plus en arrière de la crête du terrain.

Enfin, les observatoires pour le réglage du tir seront organisés comme dans les places permanentes.

§ 2. — Organisation de l'avant-ligne.

L'avant-ligne se composera d'un certain nombre de centres de résistance constitués par des villages, des bouquets de bois mis en état de défense ou, à leur défaut, d'ouvrages en terre.

L'organisation défensive des localités pourra être plus forte que sur le champ de bataille, tout en étant moins complète que sur la position principale. Tout dépendra du temps et des ressources dont disposera la défense.

Les points d'appui seront distants les uns des autres comme ceux de la position principale. On y ménagera des abris contre la mitraille et on utilisera tous les abris naturels situés dans leur voisinage.

Afin de tenir l'assiégeant à plus grande distance des positions de la défense, on pourra construire en arrière des flancs de ces points d'appui quelques épaulements pour pièces de campagne ; elles auront des abris distincts de leurs positions de tir.

L'avant-ligne communiquera avec la position principale par des chemins défilés contre les vues de l'attaque.

Obstacles passifs. — Les principaux obstacles passifs que l'on peut utiliser pour limiter l'étendue du front défensif sont les inondations, les marécages et les bois.

Les inondations doivent être assez étendues pour couper le front de l'attaque et l'obliger à faire un assez long détour afin d'assurer la communication des troupes ainsi séparées. Les digues de retenue et les barrages devront être à l'abri des projectiles de l'assiégeant.

Dans les marécages, on défendra à l'aide de tranchées les chaussées qui les traversent.

Les obstacles passifs constitués par les bois sont formés par des lignes d'abatis profonds surveillés et flanqués. Sur les points saillants exposés aux attaques de vive force, on organisera des centres de résistance comme ceux dont nous avons parlé à propos de la mise en état de défense des bois. Entre les saillants, on fera des abatis passifs d'une profondeur variable avec le temps et les moyens dont on pourra disposer. Pour les places permanentes, elle est d'une cinquantaine de mètres. Ces abatis seront bien flanqués par les parapets des ouvrages. S'il ne pouvait en être ainsi, on établirait en arrière, dans l'ombre de la futaie, des postes d'écoute ou de surveillance espacés de 200 m les uns des autres et abrités derrière des parapets en corps d'arbres. Si ces parapets devaient être trop élevés pour permettre de voir par-dessus les abatis, on pourrait les remplacer par des plates-formes en charpente munies de masques.

Autant que possible, on cherchera à faire battre par l'artillerie les abords des obstacles passifs.

Enfin, on organisera des communications nombreuses et faciles à l'intérieur du bois pour l'accès des réserves. On aura soin de placer aux intersections des chemins et aux carrefours des pancartes indicatrices. On pratiquera des avenues à travers bois, afin de bien battre, de la position principale, certains points du terrain extérieur, et à flanquer de cette position, si c'est possible, les centres de résistance organisés.

§ 3. — Protection directe du noyau ou des points à couvrir.

S'il s'agit d'un noyau d'habitations, on l'entourera d'une enceinte continue constituée par des tranchées et des obstacles naturels tels que des haies, des murs de clôture mis en état de défense, comme nous l'avons dit pour les villages. Si le temps fait défaut, on se bornera à barricader, après la retraite des troupes en avant, les principales avenues qui conduisent à l'intérieur de la localité. Les autres débouchés seront tenus fermés en permanence.

S'il n'existe pas de noyau d'habitations, si l'organisation défensive consiste, par exemple, à protéger un ou plusieurs ponts, on établira à l'intérieur de la première une deuxième tête de pont embrassant tous les ouvrages à couvrir. Elle sera continue et constituée comme dans le cas précédent. On y ménagera un nombre de passages suffisants pour la retraite des troupes.

§ 4. — Des magasins aux approvisionnements et des voies de communication.

A l'intérieur du périmètre de la place, on disposera soit dans le noyau, en des points convenables, soit à l'intérieur de la deuxième tête de pont des magasins aux vivres et aux munitions. On devra les placer en des points bien couverts contre les projectiles de l'attaque.

On utilisera, pour loger les vivres, les caves des habitations, les locaux, les abris naturels peu exposés.

Les souterrains, les tunnels sont tout indiqués pour servir de magasins aux munitions.

Les magasins de batteries seront établis sous des abris de circonstance. On les défilera le mieux possible contre les vues et les coups de l'attaque.

On organisera de la même manière les dépôts intermédiaires. S'il existe en des points convenables des abris naturels tels que des carrières, des grottes, etc., on les utilisera avec avantage.

Tous les éléments de la défense seront réunis par des voies de communication périphériques et rayonnantes. On se servira des routes et des chemins existants ; à leur défaut, on en construira d'autres. Peut-être sera-t-il possible, ainsi que nous l'avons dit, de doubler quelques-unes de ces voies d'un chemin de fer au moyen des ressources locales. Les locomotives seront plus difficiles à trouver. Aussi la traction se fera-t-elle, en général, à l'aide de chevaux.

§ 5. — Calcul et répartition de la garnison et de l'armement.

La garnison des places du moment pourrait être divisée de la façon suivante :

1° Garnisons propres des points d'appui de la position principale (ne devant pas être portées au dehors).

2° Troupes de secteurs chargées de la défense de l'avant-ligne et ultérieurement des intervalles de la position principale et de la deuxième ligne.

3° Réserve générale.

Garnison d'infanterie. — On peut admettre une compagnie par ouvrage. Les garnisons des localités de la position principale et les troupes de secteurs pourront être calculées à raison de 2 hommes pour un mètre de crête de feu. Comme les localités de la position principale ne sont pas directement menacées tant que l'avant-ligne est occupée, la moitié seulement de l'effectif calculé sera sur la ligne de combat, l'autre moitié formera une réserve spéciale.

La force de la réserve générale est difficile à évaluer *a priori*. Elle peut varier depuis un bataillon jusqu'à un régiment et peut-être même une brigade, suivant l'importance de la place et son mode d'organisation.

L'effectif ainsi calculé pour les deux premières fractions de la garnison est celui que nous croyons indispensable pour faire une bonne défense[1]. Il serait divisé en trois tours de service, comme dans le cas des places permanentes[2].

Garnison d'artillerie. — On peut déterminer l'effectif des troupes affectées au service de l'artillerie, en comptant 6 canonniers et 6 auxiliaires par pièce, quel qu'en soit le calibre.

Troupes du génie. — Les troupes du génie seront calculées d'après les besoins probables.

Troupes diverses. — Enfin les troupes de cavalerie, des services administratifs, de santé, etc., dépendront des besoins de la place.

Armement. — L'armement ne saurait être déterminé d'après une base fixe. Pour le calculer, il est nécessaire de faire un avant-projet d'attaque, afin de voir le nombre approximatif de pièces que l'assiégeant serait obligé de mettre en batterie pour attaquer la place. C'est d'après cet effectif qu'on déterminera celui de la défense, en tenant compte, en outre, des pièces légères qui battent les intervalles, appuient l'avant-ligne, etc., et d'une petite réserve.

---

1. Dans les places permanentes, on compte 1,5 homme par mètre courant de crête de feu; mais l'organisation de ces forteresses est bien plus complète et, par suite, bien supérieure à celle des places du moment.

2. 1er tour : Service de sûreté, travaux sur les points exposés au feu.
2e tour : Piquet, travaux sur les points non exposés au feu.
3e tour : Corvées intérieures, distributions.
La réserve générale se conforme au *Règlement sur le service en campagne*.

B. — Places situées en pays de montagne.

Considérations générales. — Les places du moment ont à jouer le même rôle en pays de montagne qu'en pays moyennement accidenté. Une armée a pris l'offensive et a réussi à pénétrer sur le territoire ennemi, il faut qu'elle assure ses communications avec sa base. Or, il peut arriver que, pendant l'état de paix, aucune fortification n'ait été faite aux cols frontières [1] et que les positions d'arrêt organisées en arrière soient trop éloignées pour donner un appui efficace aux troupes en avant.

D'où la nécessité d'occuper le col, dès que l'offensive aura réussi.

Dans la défensive, on n'a pas non plus organisé à l'avance toutes les positions susceptibles de jouer un rôle pendant la guerre. On n'a occupé que les principales d'entre elles. Il sera donc nécessaire, le moment venu, de construire de toutes pièces des ouvrages en des points d'où l'on puisse maîtriser un nœud de communications ou simplement une vallée qu'on aura intérêt à interdire à l'ennemi.

Enfin, on peut être appelé à compléter certaines positions existantes pour étendre leur action.

Quelques exemples tirés de notre frontière du Sud-Est feront mieux comprendre ce qui précède.

Supposons une invasion française en Italie par le col du Petit-Saint-Bernard. Bien que cette hypothèse ne soit

---

1. C'est le cas de notre frontière du Sud-Est.

pas la plus probable, il est bien permis de l'envisager. Pour appuyer nos troupes engagées dans la vallée d'Aoste, la position de Vulmis est trop éloignée. Il est nécessaire d'occuper le col.

Considérons maintenant le cas où une armée italienne aurait violé la neutralité de la Suisse et chercherait à pénétrer chez nous par la vallée du Rhône. Nous devrions certainement nous porter au secours des Suisses et les aider à défendre le défilé de Saint-Maurice. Mais, en même temps, notre devoir serait d'occuper, autour de Genève, les positions du mont Salève, du mont de Sion et du mont Vuache et de faire de cette ville une véritable place du moment.

Dans le cas d'une invasion italienne par la Maurienne et la Tarentaise, le massif de la Grande-Chartreuse aurait à jouer un rôle important. Il empêcherait la place de Grenoble d'être tournée par la dépression du lac du Bourget, les Échelles et le col du mont du Chat. A cet effet, il serait défendu à l'intérieur, notamment aux cols du Frêne et de Lélia et, pour permettre aux troupes de la défense de déboucher sur les flancs des armées ennemies, des têtes de pont devraient être établies à Saint-Laurent-du-Pont et aux Échelles, concurremment avec l'occupation des positions qui permettent de surveiller et de défendre les routes de la Placette et de Saint-Étienne-de-Crossey.

Supposons encore que, dans une guerre avec l'Italie, les vallées opposées de l'Ubaye et de la Stura aient un rôle à jouer. Notre premier soin serait d'occuper le col de Larche, afin d'étendre l'action de la position de Tournoux dont les ouvrages les plus avancés en sont distants de 6 à 7 km. C'est en avant de ce col que se développerait la première ligne de défense.

Principes d'organisation. — Voyons maintenant comment il convient d'organiser les places du moment en pays de montagne.

Dans une étude précédente [1], nous avons conclu, d'après la configuration du sol, que le rôle de la fortification consistait à barrer une ou plusieurs vallées conduisant à la place. Celle-ci se composera donc d'une ou de plusieurs positions d'arrêt disposées autour d'un noyau d'habitations ou d'un point de convergence de vallées. Nous avons vu aussi que les travaux à entreprendre étaient relatifs à l'occupation d'une position d'interdiction maîtrisant bien la vallée correspondante et, par suite, peu élevée au-dessus de celle-ci, et d'une position de protection située à une altitude plus grande que la première et au moins égale à celle des emplacements favorables à l'attaque. Son but est de battre ces emplacements.

Dans les organisations du moment, nous aurons encore à appliquer les mêmes principes. Mais étant donné le peu de force des ouvrages, les positions occupées devront être plus étendues.

Nous pensons qu'on peut procéder ainsi qu'il suit :

1° Établir en travers de la vallée une ligne de fortification (tranchées, obstacles du sol mis en état de défense, abatis, etc.), barrant cette vallée.

2° Appuyer cette ligne aux positions d'interdiction

1. Voir la deuxième partie.

établies sur les flancs de la montagne, sur des replats du sol convenablement situés. Occuper ces emplacements par un ou plusieurs ouvrages et par des batteries de campagne. Disposer des abatis en avant des ouvrages (c'est la seule défense accessoire que l'on puisse employer en montagne; on n'aura généralement pas de fil de fer à sa disposition). Relier la position occupée avec la vallée par une bonne route.

3° Occuper de la même manière la position de protection et la relier par une route avec la vallée et la position d'interdiction.

4° Surveiller les crêtes qui séparent les vallées, au moyen de postes détachés abrités dans des retranchements et des blockhaus improvisés.

5° Assurer l'approvisionnement en eau, vivres et munitions.

Tels sont les principes généraux. Donnons quelques détails relatifs à l'occupation des positions.

Détails de l'occupation des positions. — Dans le fond de la vallée, on pourra généralement trouver une épaisseur de terre suffisante pour creuser des tranchées. Les lignes que l'on établira ainsi seront les mêmes que pour les terrains moyennement accidentés.

Mais sur les flancs de la montagne, la terre fera défaut. Supposons un replat suffisamment étendu pour recevoir au moins deux ouvrages de compagnie. Dans l'intervalle de ces ouvrages et sur leurs flancs[1], nous disposerons les batteries. Le tout sera entouré d'abatis naturels, si

1. A l'extérieur des ouvrages, bien entendu.

c'est possible, artificiels, dans le cas contraire. Peut-être aussi pourra-t-on en certains points se protéger par un escarpement de la montagne. Autant que possible, on profitera des plantations existantes pour masquer les ouvrages aux vues de l'attaque. On conservera les arbres suffisants pour jouer le rôle de masques et on abattra ceux qui gêneront le tir. Ils formeront d'excellents abatis.

Détails des ouvrages. — Les parapets des ouvrages seront constitués au moyen de pierres sèches. C'est ainsi que Berwick occupa l'Infernet au-dessus de Briançon et qu'en 1747, cette position fut de nouveau organisée en même temps que la crête de Peyroles.

D'après des expériences faites à Plagne-sur-Bienne (Suisse) en 1888[1] et qui semblent avoir donné de bons résultats en faveur des parapets de montagne, nous pensons qu'on pourrait les organiser de la façon suivante :

Placer sur le sol des corps d'arbres jointifs parallèles au front; ils serviront, dans la suite, de ciel aux abris et donneront, en outre, de l'élasticité au parapet. Disposer sur ces corps d'arbres le roc provenant des éboulis ou de l'excavation des fossés intérieur et extérieur. Recouvrir le tout avec des claies. Auparavant, on aura eu soin de fixer des harts en fil de fer ou en bois aux corps d'arbres; ces harts traverseront le massif de rocaille et viendront ensuite s'attacher aux claies. Enfin sur celles-ci, on damera une couche de terre d'épaisseur variable selon les localités.

Le relief du parapet ne dépassera guère 1,70 m à 2 m.

---

1. Voir *Revue militaire suisse* du 15 juin 1888.

Son épaisseur sera de 5 à 6 m (épaisseur de la rocaille de crête en crête) ; mais à Plagne, des parapets de 3 m ont bien résisté au tir du canon de 80^{mm} de campagne et n'ont été démolis qu'au 12e coup par le canon de 12^{cm} de siège en acier fretté.

Abris. — Sous les corps d'arbres du parapet, on ménagera plusieurs abris pour hommes seulement assis, car il sera difficile de s'enfoncer beaucoup dans le sol rocheux. Si le fossé extérieur n'est pas assez profond pour constituer un obstacle (ce sera le cas général), on le garnira d'abatis.

Enfin des abris en corps d'arbres seront disposés sur des points défilés à l'extérieur des ouvrages. Quelquefois, si le temps le permet et si le roc n'est pas trop dur à creuser, il sera possible d'organiser des niches dans les escarpements convenablement orientés. On agrandira progressivement ces niches et on obtiendra facilement des abris-cavernes à l'épreuve.

Batteries. — Les batteries seront généralement demi-enterrées et leur parapet sera constitué comme celui des ouvrages. Mais elles pourront aussi être complètement enterrées et les matériaux provenant de l'excavation des plates-formes serviront à former tout autour de la position occupée un parapet-enveloppe précédé d'abatis, tracé de façon à assurer son propre flanquement et à bien surveiller les abords.

On organisera de la même manière les positions d'interdiction et de protection. Elles ne différeront l'une de l'autre que par leur armement. Ainsi, pour les premières, les canons de campagne seront généralement suffisants.

Les vallées sont souvent sinueuses ; la route qui les suit n'est pas toujours vue sur une grande étendue.

Mais les positions qui s'étagent sur les flancs de la montagne s'éloignent d'autant plus d'un objectif déterminé qu'elles sont plus élevées. C'est le cas de celles qui sont occupées par les ouvrages de protection. Si elles pouvaient être armées de quelques pièces de siège et notamment de 120 long, pour agir sur les positions de l'attaque, leur importance en serait augmentée.

Approvisionnements divers. — Dans toute position défensive en pays de montagne, il faudra, à proximité des abris et des baraquements pour les hommes [1], constituer une réserve d'eau potable dans des citernes improvisées formées, par exemple, de tonneaux. On aura soin de les placer en des points dérobés aux coups de l'ennemi. La plupart du temps, c'est à dos de mulet que l'eau sera transportée du fond de la vallée jusqu'aux ouvrages.

Les munitions et les vivres seront placés dans des abris de même nature que ceux des hommes. On disposera les magasins à poudre sous roc, toutes les fois que la chose sera possible.

1. Sur certaines positions voisines des cols frontières, on a construit dès le temps de paix des baraquements et des postes. De bonnes routes y donnent accès.

CHAPITRE II

CONSIDÉRATIONS RELATIVES A L'ATTAQUE ET A LA DÉFENSE DES PLACES DU MOMENT.

§ 1er. — PLACES SITUÉES EN PAYS MOYENNEMENT ACCIDENTÉ.

Les places dont nous venons d'indiquer le rôle et le mode d'organisation, ont surtout à craindre une attaque brusquée ou de vive force préparée à l'aide de pièces de campagne et de bouches à feu légères de siège. En effet, par suite de la proximité des armées auxquelles elles servent d'appui, elles n'ont pas à redouter un siège régulier. La surprise ne saurait réussir d'emblée à en amener la chute. Le blocus est impossible. Quant au bombardement seul, il aurait des chances de réussir s'il était exécuté avec des pièces à longue portée par-dessus les positions de la défense contre un noyau important d'habitations. Mais, dans ce cas, il faudrait organiser un parc d'artillerie afin d'assurer l'approvisionnement des bouches à feu, car ce mode d'attaque exige une grande consommation de munitions. Or, l'éventualité de l'arrivée des armées qui tiennent la campagne interdit à l'assiégeant les opérations de quelque durée. Il faut qu'il s'empare de la place en peu de temps. C'est donc à l'attaque brusquée qu'il devra recourir ; ce qui ne veut pas dire qu'elle réussira toujours.

A. — Conduite de l'attaque.

La conduite de l'attaque est à peu près celle qui a été décrite à propos des places insuffisamment organisées[1].

I. — Préliminaires du siège.

Formation du corps de siège. — On formera le corps de siège dont l'importance dépendra de celle de la place. Il semble qu'en général les troupes de l'assiégeant doivent être deux fois plus nombreuses que celles du défenseur.

On munira le corps d'attaque de pièces de 80, 90 et 95 et d'une quantité à peu près égale de bouches à feu légères de siège (120 court et 155 court). Les mortiers ne paraissent pas nécessaires, parce que les obstacles à démolir ne sont pas très solides.

Le nombre total des pièces de l'attaque doit être au moins égal à celui de la défense. On fera suivre ces bouches à feu d'un approvisionnement suffisant pour exécuter un bombardement de plusieurs jours et on organisera le service des transports de façon à pouvoir renouveler cet approvisionnement ; mais on n'installera pas de parc d'artillerie.

Marche des colonnes. Isolement de la place. — Si la réserve générale de la garnison est suffisamment forte et défend

1. Voir la première partie.

le terrain extérieur dans de solides positions, les colonnes du corps de siège marcheront groupées et se déploieront autour de la place par un mouvement circulaire. Après plusieurs combats livrés à la réserve générale pour la refouler sur l'avant-ligne, elles couperont les communications de la défense avec l'extérieur. Mais là se bornera l'investissement. On n'organisera pas de position de combat comme dans le cas d'une forteresse permanente : le temps fait défaut, il faut aller vite.

Si la réserve de la garnison n'est pas en état de faire une défense extérieure suffisamment active, les colonnes du corps de siège s'avanceront sur la place par une marche convergente. De cette façon, elles l'isoleront bien plus vite de l'extérieur.

L'attaque aura lieu sur plusieurs fronts à la fois, afin d'empêcher le défenseur de concentrer ses efforts sur un seul point. Dans ce but, les colonnes s'avanceront jusqu'à la distance de 2500 à 2000 m de l'avant-ligne. Il semble difficile de se rapprocher davantage si cette avant-ligne est munie de canons de campagne qui ont une position d'abri distincte de leur position de tir. Elles contrarieraient beaucoup les installations de l'attaque, rentreraient dans leurs abris après avoir produit leur effet et seraient, par suite, difficiles à atteindre.

Reconnaissance de la place. — On choisira les points d'attaque après une ou plusieurs reconnaissances. On tiendra compte notamment des facilités d'accès, de l'organisation plus faible de la place en ces points, de la possibilité de développer une artillerie suffisante à la distance de 2000 à 3000 m des positions de la défense. On procédera ensuite aux opérations de l'attaque proprement dite. On pourra ne s'engager à fond que sur quelques points, mais on n'en menacera pas moins la place sur tous les fronts abordables.

II. — Attaque de l'avant-ligne.

L'avant-ligne sera surtout contre-battue par des pièces de campagne. Mais s'il est nécessaire de fouiller les plis de terrain derrière lesquels s'abrite le défenseur, des pièces courtes seront mises en batterie.

En même temps que l'on bombarde les centres de résistance de l'avant-ligne, on cherche à inquiéter la position principale qui l'appuie. Toutefois, si l'assiégeant ne possède pas de canons à longue portée, cette opération sera d'autant plus difficile que l'avant-ligne sera éloignée davantage de la position principale, tout en conservant son appui.

La formation des colonnes d'assaut, l'exécution de l'attaque, l'occupation de l'avant-ligne, si l'assiégeant est victorieux, ou la retraite dans le cas contraire, s'exécuteront de la même manière et d'après les mêmes principes que dans le cas des forteresses permanentes (Attaque de la position avancée)[1].

III. — Attaque de la position principale.

Lorsque l'assiégeant se sera rendu maître de l'avant-ligne, il l'occupera et établira aussitôt sous la protection

1. Voir les première et deuxième parties.

de son artillerie restée en position et de son infanterie disposée en avant, un deuxième échelon de batteries à la distance d'environ 2000 m de la position principale. L'armement de ces batteries comprendra à peu près autant de pièces courtes que de pièces longues, car le défenseur a aussi des canons courts bien dérobés aux vues ; il s'agit de les atteindre. Il a construit des abris qui, sans avoir la solidité de ceux des places permanentes, présentent toutefois une résistance assez grande.

Ils sont, en outre, bien défilés par le terrain. Aussi l'assiégeant sera-t-il obligé de recourir au ballon pour découvrir certaines installations de la défense.

Une lutte d'artillerie s'engagera, comme dans le cas des places permanentes ; lorsqu'elle sera terminée, l'assaut sera préparé et donné d'après la méthode que nous avons déjà fait connaître. On se trouve dans un cas analogue à celui de l'attaque de la position de soutien des grandes forteresses.

Si le défenseur a organisé en arrière de la position principale une deuxième ligne couvrant des ponts sur un cours d'eau ou une enceinte entourant un noyau d'habitations, la position directement attaquée peut recevoir un appui de cette deuxième ligne ou de cette enceinte. On la contre-battra, si c'est possible, en même temps que s'exécuteront les opérations de l'attaque de la position principale.

IV. — Attaque de la 2e ligne ou de l'enceinte du noyau.

L'attaque de la deuxième ligne aura lieu d'après les mêmes principes que pour les positions précédentes. Il en sera de même de l'enceinte du noyau. On dirigera en même temps, sur les habitations dont il se compose, un feu d'obus-torpilles qui pourra hâter la reddition de la place.

B. — Conduite de la défense.

I. — Défense de l'avant-ligne.

Le défenseur devra tenir le plus longtemps possible sur l'avant-ligne. Il empêchera ainsi l'assiégeant de contre-battre efficacement la position principale. Mais pour recevoir de celle-ci un appui sérieux, nous avons vu que l'avant-ligne ne saurait en être distante de plus d'un millier de mètres. L'effectif de la garnison ne permet pas non plus de s'éloigner davantage. Il en résulte que cette première ligne de résistance ne peut avoir la même importance que la position avancée des forteresses permanentes, bien qu'elle réponde au même principe de défense.

Les pièces de campagne placées sur l'avant-ligne gêneront le plus possible les batteries adverses en dirigeant sur leurs emplacements un tir à mitraille exécuté de préférence la nuit, afin de ne pas révéler à l'attaque les positions qu'elles occupent.

Si l'assiégeant réussit quand même à installer son premier échelon d'artillerie, le défenseur le contre-bat de son mieux. Dans le cas où des bouches à feu à longue portée seraient disposées sur la position principale, elles gêneraient beaucoup l'attaque qui n'est pas en mesure de les contre-battre.

Toutefois, si la défense, au bout d'un certain temps, acquiert la conviction qu'elle ne peut continuer la lutte sans risquer d'être écrasée, elle cessera le feu et reportera en d'autres points ses pièces trop bien repérées par son adversaire.

Pendant la durée du bombardement, l'infanterie sera tenue soigneusement abritée en dehors des vues de l'attaque et lorsque les colonnes d'assaut arriveront à 400 ou 500 m de ses positions, elle entrera aussitôt en ligne et ouvrira sur elles un feu rapide. A ce moment, elle est appuyée par la position principale et voici comment s'exerce cet appui : l'infanterie de cette position et toute l'artillerie susceptible d'agir ont pour objectifs les intervalles et les abords des flancs des centres de résistance de l'avant-ligne. Lorsque l'ennemi dessine son mouvement tournant, le feu est immédiatement ouvert et son artillerie aura beaucoup de peine à l'éteindre à cause de la situation retirée de la position principale par rapport à la ligne directement attaquée. Il en résulte, ainsi que nous l'avons dit à propos des grandes forteresses, que l'assiégeant, obligé de s'avancer de front, ne pourra tirer tout le parti désirable de sa supériorité numérique.

La réserve générale se tient prête à secourir l'avant-ligne et si l'assaut échoue, elle exécute immédiatement une contre-attaque.

Si, au contraire, l'attaque réussit, les troupes de l'avant-ligne se replient sur la position principale et celle-ci, par son infanterie et son artillerie, cherche à rendre le terrain conquis intenable à l'assiégeant. Comme dans le cas des places permanentes, les pièces courtes dérobées aux vues auront un rôle important à remplir ; tirant sur des points fixes et bien repérés, elles gêneront beaucoup l'attaque qui aura de grandes difficultés à les atteindre.

Nous voyons encore une fois une application aux places du moment des principes déjà exposés pour les places permanentes.

II. — Défense de la position principale.

Lorsque le défenseur aura été refoulé sur la position principale, il s'appliquera à contrarier l'installation des nouvelles batteries de l'attaque. Mais il prendra ses dispositions pour leur répondre dans le cas où elles arriveraient quand même à s'installer et à ouvrir le feu. Il n'est pas possible, en effet, que le défenseur refuse le combat. C'est sur la position principale qu'il peut soutenir avec le plus d'avantages la lutte contre l'attaque. Il devra donc chercher à régler son tir avant son adversaire et, dans ce but, de bons observatoires lui rendront les plus grands services [1].

Si le défenseur sort victorieux de la lutte, il prend l'offensive dans le but de reconquérir l'avant-ligne. Si, au contraire, son artillerie est démontée et réduite au silence, il prend ses dispositions pour recevoir l'assaut. Il désarme pendant la nuit ses batteries qui ne peuvent

1. On emploiera aussi le ballon, non pas pour régler le tir, mais pour observer certains objectifs bien dérobés aux vues, contrôler un transport de tir ou un tir progressif exécuté sur ces objectifs.

plus agir et en reporte les pièces soit sur la deuxième ligne, soit sur une position qui lui permette d'appuyer la position principale, comme celle-ci a appuyé l'avant-ligne.

Pendant le bombardement et au moment de l'assaut, la conduite à tenir est la même que dans la période précédente.

III. — Défense de la 2e ligne ou du noyau.

Tout ce que nous venons de dire au sujet de la défense de l'avant-ligne et de la position principale est applicable à la deuxième ligne ou au noyau, s'il existe. Dans ce dernier cas, il sera peut-être possible de transporter la population civile et les approvisionnements dans un secteur peu menacé ou inabordable à l'ennemi. On prolongera ainsi la résistance du noyau et on obligera l'assiégeant à attaquer pied à pied les maisons ou les décombres qu'elles forment.

En un mot, la garnison devra se défendre jusqu'à l'arrivée de l'armée qu'elle appuie et dont la situation pourrait être gravement compromise par la reddition de la place.

Remarque. — Nous n'avons pas parlé des tourelles transportables actuellement à l'étude et armées d'un canon à tir rapide. Ces engins, placés derrière un retranchement, pourraient rendre des services au moment de l'assaut, soit pour flanquer les intervalles des points d'appui, soit pour la défense de front. Mais il faut que rien n'en indique la présence, car les projectiles de l'attaque les auraient assez vite immobilisés, non pas en les brisant, ce qui serait assez long, mais en bouleversant le retranchement qui les abrite et en les renversant au milieu des terres.

Il ne semble pas que ces coupoles soient assez mobiles pour être sorties, au moment du besoin, d'une position abritée et mises en batterie à bras d'hommes.

§ 2. — POSITIONS D'ARRÊT DU MOMENT SITUÉES EN PAYS DE MONTAGNE

Nous n'avons rien à ajouter à ce que nous avons dit à propos des positions d'arrêt organisées d'une manière permanente en pays de montagne. Les troupes mobiles occuperont, en se repliant, les positions avancées situées à une distance de 1500 à 2000 m de la place. Ces positions seraient très avantageuses pour l'attaque ; il faut les lui disputer jusqu'à la dernière extrémité. Elles sont, en outre, appuyées par les ouvrages d'interdiction et de protection établis en arrière.

Après la chute des positions avancées, une attaque de vive force combinée avec la surprise est celle qui a le plus de chances de réussir. Nous avons fait connaître, à propos des places permanentes, la conduite à tenir par l'assiégeant et par le défenseur. Nous ajouterons seulement que si ce dernier ne possède pas de pièces de siège et s'il n'a pas été possible de construire des ouvrages suffisamment solides, l'attaque pourra être préparée avec les seules pièces de campagne et de montagne.

Conclusion. — De l'étude que nous venons de faire, nous conclurons que les places du moment, très utiles dans la défensive et l'offensive, seront organisées d'après les mêmes principes que les places permanentes, en tenant compte toutefois, dans leur application, du temps et des moyens dont on dispose. Il faut constituer plusieurs lignes ou positions successives, de façon que la position directement attaquée soit appuyée par une autre disposée en arrière dans une situation retirée qui lui permettra d'échapper en grande partie aux coups de l'artillerie ennemie.

Les places que nous avons considérées sont intimement liées aux mouvements des armées auxquelles elles servent d'appui. Il en résulte qu'elles ne seront, en général, livrées à elles-mêmes que pendant peu de temps et ne pourront, par suite, être complètement investies, ni soumises à un siège régulier.

L'attaque brusquée est la seule pratique et la conduite à tenir par l'assiégeant et par le défenseur est, dans ses grandes lignes, semblable à celle qui est relative aux forteresses permanentes.

En ce qui concerne les places ou positions d'arrêt organisées au moment du besoin en pays de montagne, elles seront constituées comme celles qui sont établies en permanence dès le temps de paix. Mais leur armement sera, en général, moins puissant, leurs ouvrages seront moins forts. Le parapet sera constitué en pierres sèches et en rocaille, recouvertes de claies afin de lui donner de l'élasticité et, sur ces claies, on disposera une couche de terre végétale.

L'attaque et la défense seront conduites d'après les mêmes règles que pour les places permanentes. L'attaque de vive force combinée avec la surprise semble la plus pratique.

NOTICE EXPLICATIVE DE LA PLANCHE V

La planche V représente l'organisation défensive d'un secteur d'une place du moment située en pays moyennement accidenté. L'étude en a été faite sur le terrain.

Position principale. — La position principale de la défense est jalonnée par les points d'appui principaux A, B, C, D, E, F, G. Elle est peut-être un peu rapprochée du cours d'eau sur lequel trois ponts de circonstance ont été jetés. Mais il est difficile d'aller plus loin. En effet, il faudrait se porter sur les positions P, M, N, traverser le bois par une large coupure et venir se fermer sur la position C. Le périmètre obtenu serait considérable pour une place du moment. Il faudrait, pour l'occuper, beaucoup d'ouvrages et une garnison nombreuse. De plus, la position P tombée au pouvoir de l'attaque, celle-ci prendrait à revers toute la ligne de défense dont les communications avec l'intérieur de la place sont vues de la position P. Les défenseurs seraient alors obligés de se replier sur celle que nous avons organisée et leur retraite devrait avoir lieu par des chemins non défilés. La solution adoptée assure, au contraire, à la défense un défilement complet de ses mouvements en arrière du front, parallèlement et perpendiculairement à ce front.

La position principale comporte trois bastions reliés par des courtines. Les bastions sont constitués par la position ABC, l'ouvrage principal E complété par la mise en état de défense de la ferme située sur sa gauche, la position G.

Il était nécessaire de se porter à l'emplacement de l'ouvrage E, afin de bien voir la position M. Mais le saillant formé en E, étant un peu prononcé, on a construit dans le bastion un retranchement intérieur constitué par un ouvrage secondaire qui tient la route et une tranchée disposée au point de croisement des deux chemins.

Les batteries ont pour objectifs les positions dangereuses P, M, N, la lisière du bois et une position (non figurée sur le dessin) à l'ouest du secteur, à 3500 m de la position BC. Elle est à la même cote et a la même étendue que celle-ci.

Nous avons adopté deux types d'ouvrages : les ouvrages principaux placés aux saillants et au milieu de la courtine nord, et les ouvrages secondaires. (Pour les détails, voir la légende.)

Avant-ligne. — Le village *c* est la clé des positions M et N qu'il voit d'enfilade. Mais il est à 1800 m de l'ouvrage E. Nous l'avons organisé comme point d'appui de la réserve générale. L'avant-ligne occupe la position M au moyen de l'ouvrage *d* qui sert de réduit ou ligne d'appui au village *c*; de l'ouvrage *e*, de la ferme *f* et du hameau *g* mis en état de défense. Les pentes sont battues à l'est par les ouvrages *a* et *b* et par des tranchées. Une batterie flanque les abords du village *c*, une autre prend d'écharpe les pentes en avant de la position N.

Un échelon de l'avant-ligne, constitué par le bois *h* et une ferme située près de l'ouvrage E, appuie le premier et prolonge le front Est jusqu'au hameau *g*.

Un déboisement a été pratiqué sur la gauche de ce hameau. On a mis en état de défense le bouquet de bois *i* conservé en arrière (le taillis a été rasé) afin de masquer l'organisation de la ferme et de servir de couvert au défenseur. Les arbres coupés servent à constituer des abatis devant la position principale. Le déboisement est battu de la position C. Devant les fronts ouest et nord du secteur, on ne peut pas organiser d'avant-ligne; elle passerait dans le bois, exigerait un long travail pour être organisée, n'éloignerait pas beaucoup l'ennemi et la retraite de la défense serait difficile. Si on a le temps, on pratiquera des laies bien battues de la position principale. On pourra ainsi gêner l'attaque en divisant son front et surveiller les voies de communication qui traversent le bois.

Défenses accessoires. — Des réseaux de fil de fer s'étendent devant les ouvrages. Des abatis sont disposés sur les autres points; ils sont faits au moyen des arbres provenant du déboisement et d'autres situés à travers champs.

Magasins aux munitions. — On a disposé trois dépôts de munitions et un grand magasin sur des points bien abrités. (Voir le dessin et la légende.)

Abris. — De nombreux abris pour les troupes ont été ménagés vers les pentes opposées à l'attaque. Vu la nature du sol, il est possible d'établir des abris en caverne (le sol est crayeux).

Voies de communication. — Les chemins existants suffisent à relier entre eux les éléments de la défense. L'un d'eux a dû être dévié dans le voisinage de l'ouvrage D, afin de le défiler.

Ponts de circonstance. — Trois ponts de circonstance ont été établis afin de relier les deux rives du cours d'eau. On pourra se servir de trains de bois pour construire des ponts de radeaux.

Calcul de la garnison.

	Compagnies.	
1° Infanterie. — Sur la position principale, nous avons 3 ouvrages principaux et 2 ouvrages secondaires à 1 compagnie chacun	5	
150 m de crête de feu dans le bois B, à 2 hommes par mètre = 300h ou.	1 1/2	
500 m de crête de feu dans le village A et 300 m dans le village F. Au total 800 m × 2 = 1 600 h.	8	
Le point d'appui G (haies et murs, mis en état de défense, crémaillère et tranchées latérales) comporte 500 m de crête de feu à 2 hommes par mètre = 1000 h ou	5	25
(Les défenseurs de la crémaillère garnissent d'abord les murs du cimetière et les tranchées voisines.)		
Ferme derrière le bois *i*, 200 m de crête de feu à 2 hommes par m = 400 h ou	2	
(La garnison de cette ferme défendra d'abord le bois *i*.)		
Tranchées, développement total : 350 m à 2 hommes par m = 700 h ou	3 1/2	
Avant-ligne. — Quatre ouvrages *a*, *b*, *d*, *e*, à 1 compagnie chacun.	4	
Ferme *f* : 100 m de crête de feu à 2 hommes par m = 200 h.	1	
Hameau *g* : 200 m de crête de feu à 2 hommes par m = 400 h	2	10
(Le bois *h* et la ferme voisine étant au 2e échelon, seront défendus par les troupes qui se replient. Le village *c* est défendu par la réserve générale.)		
Tranchées, développement total : 300 m à 2 hommes par m = 600 h	3	
TOTAL.		35

2° *Artillerie.* — 64 pièces à 6 artilleurs chacune donnent : 384 artilleurs ; 64 pièces à 6 auxiliaires chacune donnent : 384 auxiliaires.

3° *Génie.* — Eu égard aux nombreux travaux du génie, on compte 2 compagnies.

En résumé, l'effectif des troupes combattantes est, en chiffres ronds, de 7400 fantassins, 400 artilleurs et 400 hommes du génie ; au total 8200 hommes. La garnison de la petite place formée du secteur étudié sur la rive droite du cours d'eau et de l'enceinte du noyau sur la rive gauche serait de 10000 à 11000 hommes.

Calcul de l'armement.

Nous avons figuré 26 emplacements de batteries, c'est-à-dire deux fois plus d'emplacements que de pièces, afin : 1° de tromper l'ennemi ; 2° de pouvoir désarmer les batteries trop éprouvées et reporter leurs pièces en d'autres points ; 3° renforcer au besoin les fronts de la défense. Nous avons par conséquent 13 batteries de 4 pièces chacune, soit 52 pièces se décomposant en 32 pièces longues (120 l, si on en possède, 95, 90,80) et 20 pièces courtes (120 c, 155 c). Il faut ajouter à ce chiffre, par ouvrage principal, 4 pièces de 80 disposées à raison de 2 de chaque côté de l'ouvrage, soit 12 pièces. Au total nous aurons :

44 pièces longues, } 64 pièces.
20 pièces courtes, }

TABLE DES MATIÈRES

PREMIÈRE PARTIE

DEUXIÈME PARTIE

TROISIÈME PARTIE

Nancy, impr. Berger-Levrault et Cie.

ORGANISATION DES SECTEURS D'ATTAQUE D'UNE GRANDE FORTERESSE

Inondation (Obstacle passif)

Noyau central

Ligne des Points d'Appui latéraux

Marais impraticable (Obstacle passif)

Position de Soutien

Position Principale de la Défense

Ligne d'Infanterie

Position Avancée de la Position de Défense

Légende.

	Fort.
	Ouvrage secondaire.
	Groupe d'Ouvrages d'Infanterie.
	Batterie de Crête.
	— d° — hors de vue.
	— d° — de Protection.
	Magasins généraux.
	— d° — de Secteur.
	— d° — de Batterie.
C.R.	Centre de Résistance.
	Bois organisé défensivement.
	Habitations organisées défensivement.
GG.	Grand' Garde.
o P.P.	Petit Poste.
o	Sentinelle.
P.D.	Poste détaché.
P.E.	— d° — d'écoute.
	Chemins de fer permanents, à 2 voies normales
	— d° — à voie étroite, établis par la Défense.
	Limite de la Zône des Attaques.

Répartition de l'Infanterie :

Zône des Attaques	Position avancée : 7 B, 5, soit 8 B	10 B
	Ouvrages permanents — 2	
Autres Secteurs		13
Noyau central		1
Réserve générale		6
Total		30 B

Répartition de l'Armement :

Zône des Attaques	P. pp. : Pièces longues (155 L. 120), environ	130	260
	d° courtes (155 C. M. 220) d°	130	
	P. aux. d° de 95, 90, 80, environ		40 (1)
Autres Secteurs	P. pp. : Pièces longues (155 L. 120), environ	40	80
	d° courtes (155 C. M. 220) d°	40	
	P. aux. d° de 95, 90, 80, environ		60 (1)
Réserve et Noyau central, environ			60
Total			500
Pièces de flanquement et à tir rapide, environ			100
Total général			600

(1) Ces Pièces seront ensuite reportées sur la Ligne d'Inf. de la P. pp. où leurs emplacements sont figurés.

Coupe schématique à travers la Position Principale et la Position Avancée de la Défense.

Echelles de : { 1/10000 pour les Longueurs. 1/1000 — d° — Hauteurs.

Avant-Postes — Centres de Résistance — B de Campagne — Ligne d'Infanterie — B de Protection — Forts, Ouvrages de 2 ordre, B de Crête — B hors de vue

Crête militaire — Crête topographique — Sommet du Plateau — Crête topographique — Crête militaire

environ 8500 m

Position Avancée — Position Principale

SANDIER — Organisation, Attaque et Défense des Places

Echelle de (1/80.000)

NANCY. BERGER-LEVRAULT & C

PRÉPARATIFS DU SIÈGE ET ATTAQUE DE LA POSITION AVANCÉE

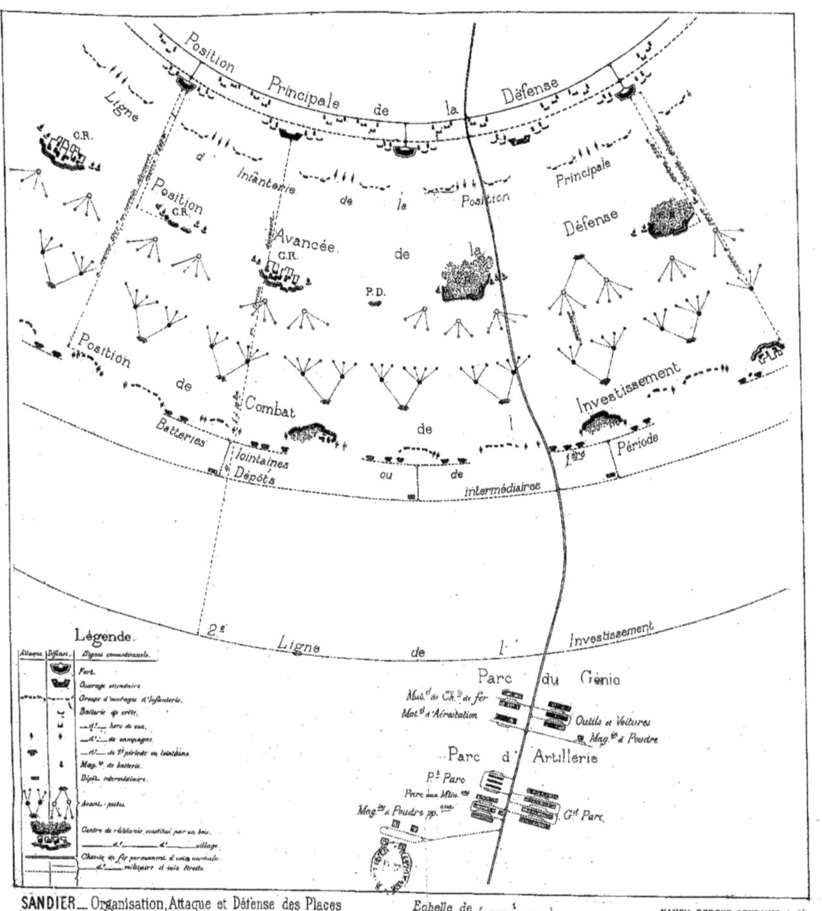

SANDIER — Organisation, Attaque et Défense des Places

Echelle de $\left(\frac{1}{80.000}\right)$

NANCY — BERGER-LEVRAULT & Cie

Pl. III

PRÉPARATION DE L'ATTAQUE DE LA POSITION PRINCIPALE

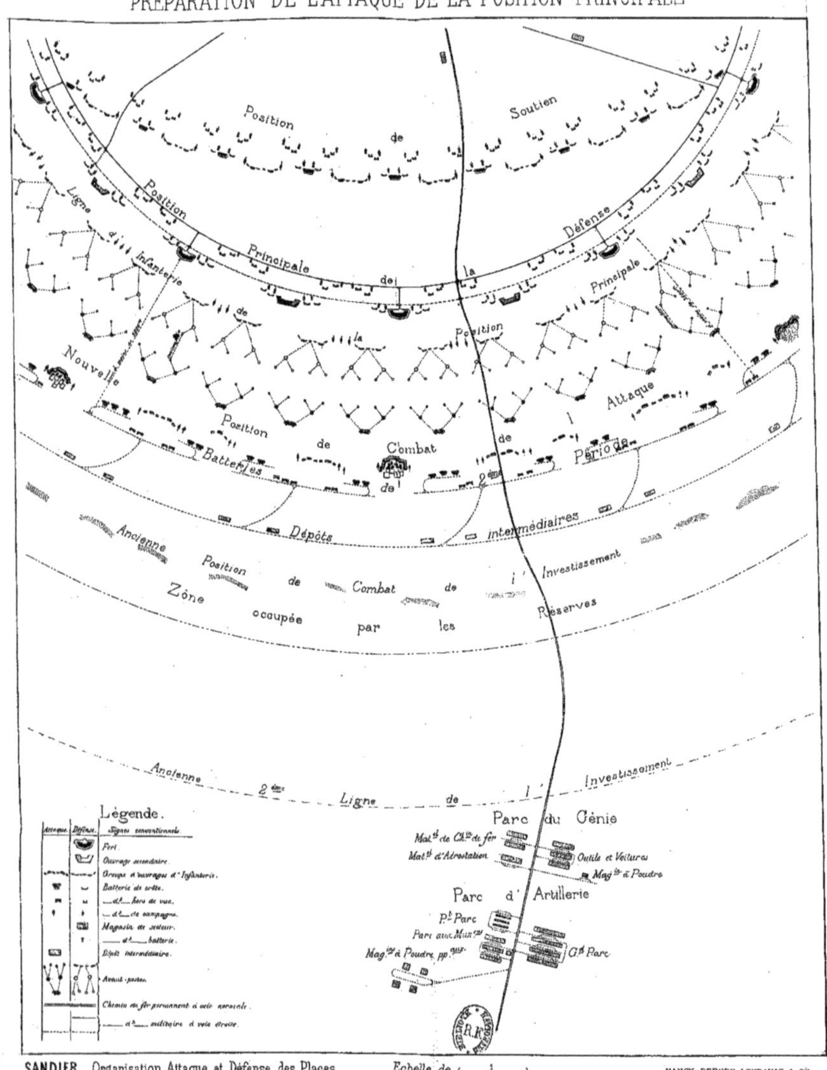

Echelle de $\left(\frac{1}{80.000}\right)$

NANCY, BERGER-LEVRAULT & Cie

ATTAQUE RAPPROCHÉE DE LA POSITION PRINCIPALE

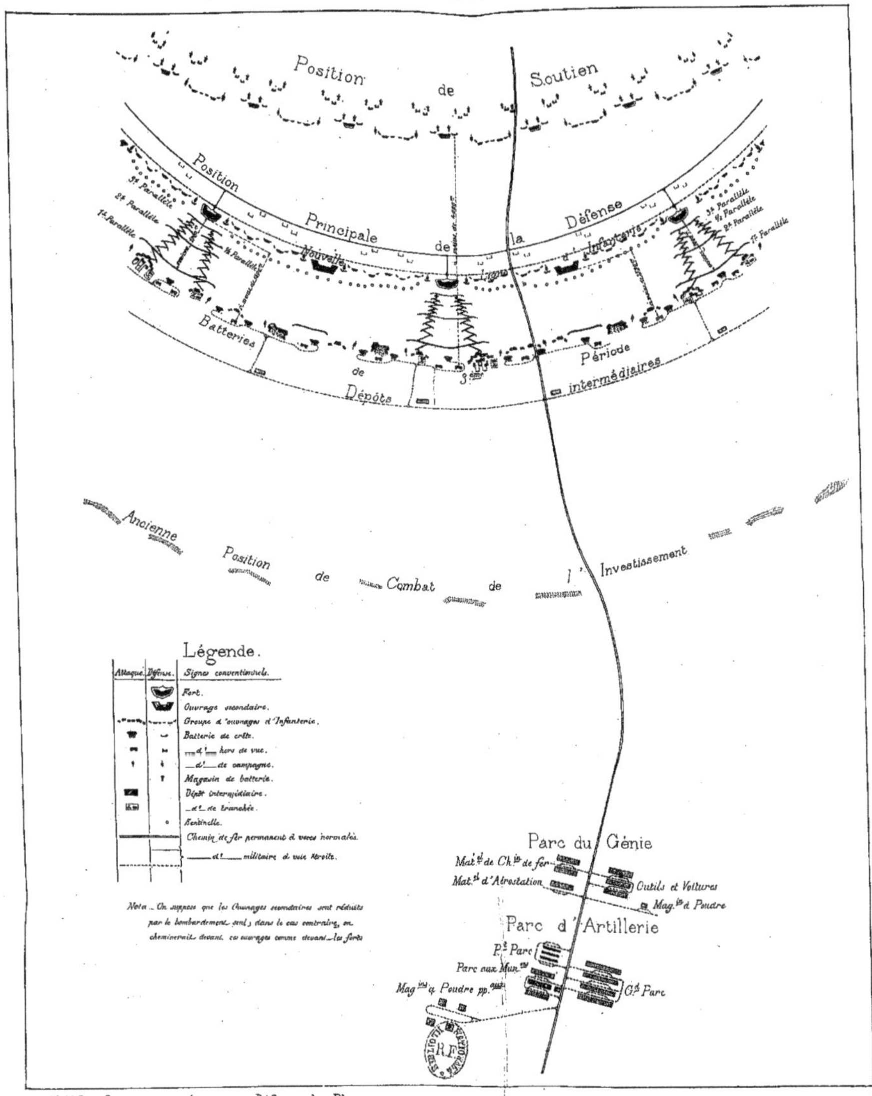

 Echelle de ($\frac{1}{80.000}$) NANCY_BERGER-LEVRAULT & Cie

ORGANISATION D'UN SECTEUR D'UNE PLACE DU MOMENT.

Planche V.

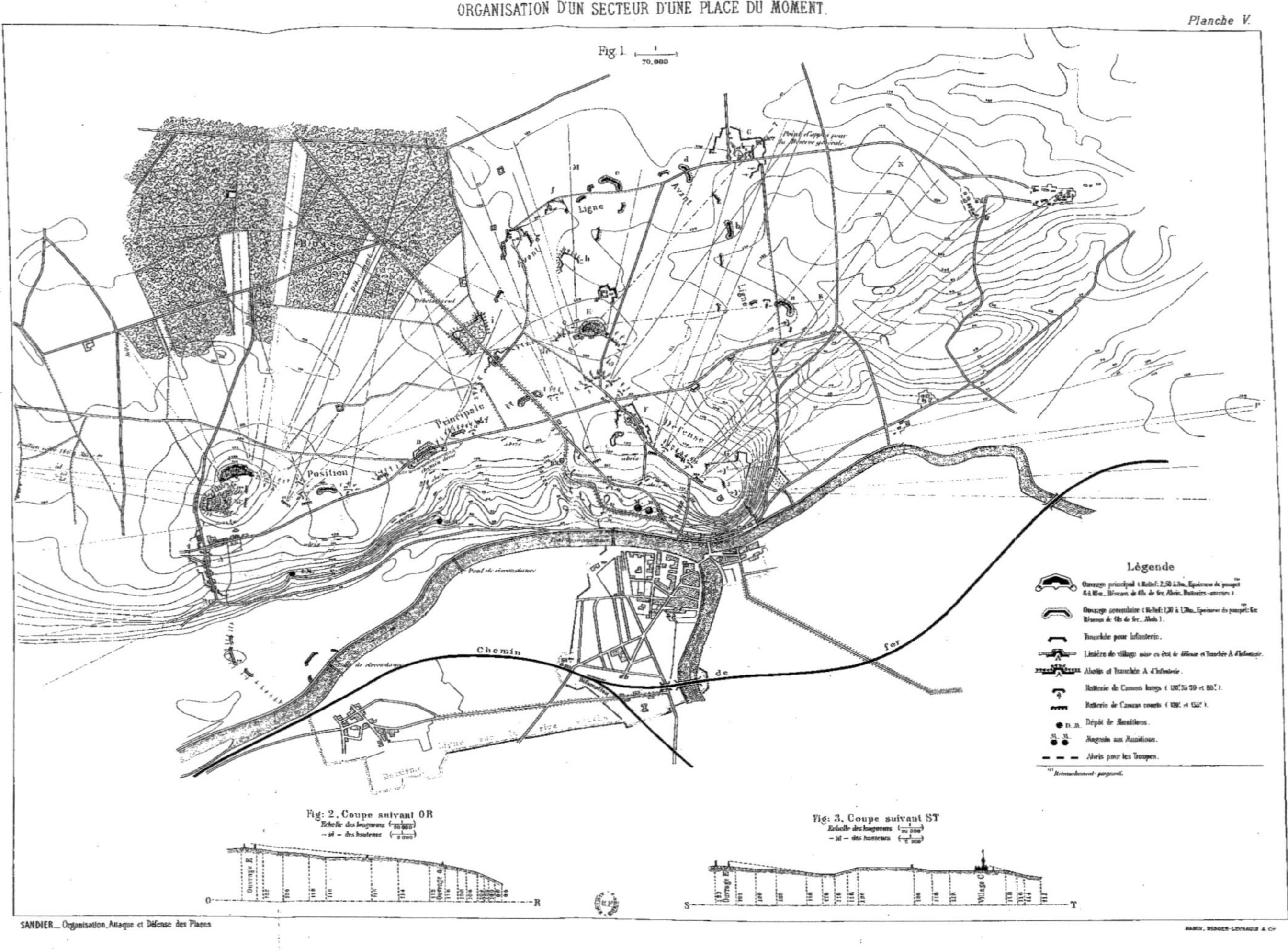

SANDIER. Organisation, Attaque et Défense des Places

Géographie militaire, par le commandant MARGA. 1885. — 1re partie : *Généralités et la France.* 4e édition, revue et augmentée. Deux volumes in-8°, avec atlas de 129 cartes, la plupart en couleurs ; broché . . . . 35 fr.

— 2e partie : *Principaux États de l'Europe.* 3e édition, revue et augmentée. Trois vol[illegible]n-8°, avec atlas de 149 cartes, la plupart en couleurs ; broché . 45 fr.

Prix réduit, en faveur des officiers français, suivant décision ministérielle : 1re partie : 22 fr. 50 c. — 2e partie : 30 fr.

Reliure en demi-chagrin : 1re partie, 11 fr. — 2e partie, 14 fr.

[illegible]sprit de la Guerre moderne**, d'après les grands capitaines et les philosophes, par le colonel R. HENRY. 2e édition. 1894. Volume in-8° de 637 pages, broché . . . . 7 fr. 50 c.

[illegible]rvice dans les États-majors**, par le colonel FIX. 1891. Volume in-8° de [illegible] pages, broché. . . . . 7 fr. 50 c.

[illegible]e allemande**, par Ch. SPECKEL, capitaine du génie, et G. FOLIOT, lieu[illegible]t du génie. 1895. Joli volume in-8°, avec nombreuses illustrations par [illegible]EURI, broché sous couverture illustrée. . . . . 5 fr.

[illegible]du maréchal Bosquet** (1830-1858). 1894. Un volume in-8° de 408 p., [illegible]ortrait en héliogravure, broché . . . . 5 fr.

[illegible]russe**. *Règlement de 1881 sur le service en campagne de l'armée russe,* [illegible] le 1er janvier 1896. Traduit du russe par G. BARDONNAUT, capitaine du [illegible] breveté, hors cadre, à l'état-major du 9e corps d'armée. Un volume [illegible] broché . . . . 2 fr.

[illegible]ur la Navigation aérienne.** *Aérostation, Aviation.* 1896. par E. LA[illegible], enseigne de vaisseau. Un volume in-8°, broché . . . . . . 3 fr. 50 c.

[illegible]émentaire d'Électricité pratique**, par H. LEBLOND, professeur d'élec[illegible] à l'École des officiers torpilleurs. (*Bibliothèque du marin.*) 2e édition. Volume in-8° de 474 pages, avec 164 figures, broché . . . . . . 7 fr.

[illegible]teurs électriques à courant continu**, par H. LEBLOND, agrégé des [illegible]es physiques, professeur d'électricité à l'École des officiers torpilleurs. Un volume in-8° de 500 pages, avec 120 figures, broché . . . 10 fr.

[illegible]cité expérimentale et pratique.** Cours professé à l'École des torpil[illegible] par H. LEBLOND, agrégé des sciences physiques. 2e édition. 1894-[illegible] 4 volumes in-8°, avec 418 figures et planches, brochés. . . . 26 fr.

[illegible] pratique d'Électricité**, à l'usage des gardes d'artillerie, gardiens de [illegible]ie et sous-officiers d'artillerie, par C. VÉRY, lieutenant au 4e régiment d'artillerie. 1894. Un volume in-8°, avec 68 figures, broché . . . . . . 3 fr.

La Défense des Côtes d'Europe. Étude descriptive au double point de vue militaire et maritime, par Carl DIDELOT, lieutenant de vaisseau, membre de la Société de géographie de Paris. 1894. Un volume in-8° de 540 pages, avec atlas grand in-folio de 204 cartes, broché . . . . 25 fr.

R[illegible] liés en toile gaufrée, l'atlas monté sur onglets . . . . 30 fr.

Géographie militaire, par le commandant Marga. 1885. — 1re partie : *Généralités et la France*. 4e édition, revue et augmentée. Deux volumes in-8°, avec atlas de 129 cartes, la plupart en couleurs ; broché . . . . 35 fr.

— 2e partie : *Principaux États de l'Europe*. 3e édition, revue et augmentée. Trois volumes in-8°, avec atlas de 149 cartes, la plupart en couleurs ; broché. . 45 fr.

(Prix réduit, en faveur des officiers français, suivant décision ministérielle : 1re partie : 22 fr. 50 c. — 2e partie : 30 fr.

Reliure en demi-chagrin : 1re partie, 11 fr. — 2e partie, 14 fr.

Esprit de la Guerre moderne, d'après les grands capitaines et les philosophes, par le colonel R. Henry. 2e édition. 1894. Volume in-8° de 637 pages, broché . . . . 7 fr. 50 c.

Le Service dans les États-majors, par le colonel Fix. 1891. Volume in-8° de 592 pages, broché. . . . . 7 fr. 50 c.

L'Armée allemande, par Ch. Speckel, capitaine du génie, et G. Foliot, lieutenant du génie. 1895. Joli volume in-8°, avec nombreuses illustrations par A. Fleuri, broché sous couverture illustrée. . . . . 5 fr.

Lettres du maréchal Bosquet (1830-1858). 1894. Un volume in-8° de 408 p., avec portrait en héliogravure, broché . . . . 5 fr.

Armée russe. *Règlement de 1881 sur le service en campagne de l'armée russe*, modifié le 1er janvier 1896. Traduit du russe par G. Bardonnaut, capitaine du génie breveté, hors cadre, à l'état-major du 9e corps d'armée. Un volume in-12, broché . . . . 2 fr.

Essai sur la Navigation aérienne. *Aérostation, Aviation*. 1896. par E. Lapointe, enseigne de vaisseau. Un volume in-8°, broché . . . . . . 3 fr. 50 c.

Cours élémentaire d'Électricité pratique, par H. Leblond, professeur d'électricité à l'École des officiers torpilleurs. (*Bibliothèque du marin.*) 2e édition. 1896. Volume in-8° de 474 pages, avec 164 figures, broché . . . . . . 7 fr.

Les Moteurs électriques à courant continu, par H. Leblond, agrégé des sciences physiques, professeur d'électricité à l'École des officiers torpilleurs. 1894. Un volume in-8° de 500 pages, avec 120 figures, broché . . . 10 fr.

Électricité expérimentale et pratique. Cours professé à l'École des torpilleurs, par H. Leblond, agrégé des sciences physiques. 2e édition. 1894-1895. 4 volumes in-8°, avec 413 figures et planches, brochés. . . 26 fr.

Manuel pratique d'Électricité, à l'usage des gardes d'artillerie, gardiens de batterie et sous-officiers d'artillerie, par C. Véry, lieutenant au 4e régiment d'artillerie. 1894. Un volume in-8°, avec 63 figures, broché . . . . . 3 fr.

La Défense des Côtes d'Europe. Étude descriptive au double point de vue militaire et maritime, par Carl Didelot, lieutenant de vaisseau, membre de la Société de géographie de Paris. 1894. Un volume in-8° de 540 pages, avec atlas grand in-folio de 204 cartes, broché . . . . 25 fr.

Reliés en toile gaufrée, l'atlas monté sur onglets . . . . 30 fr.

Nancy, impr. Berger-Levrault et Cie.

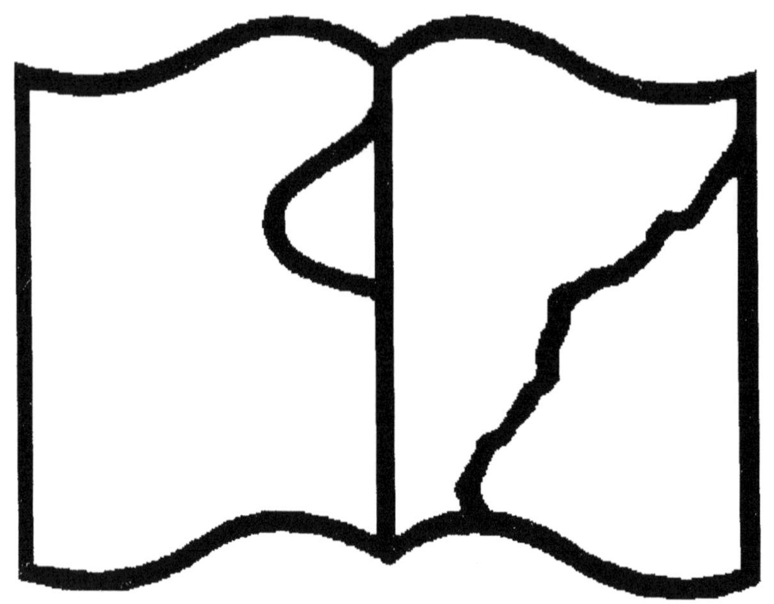

Texte détérioré - reliure défectueuse

NF Z 43-120-11

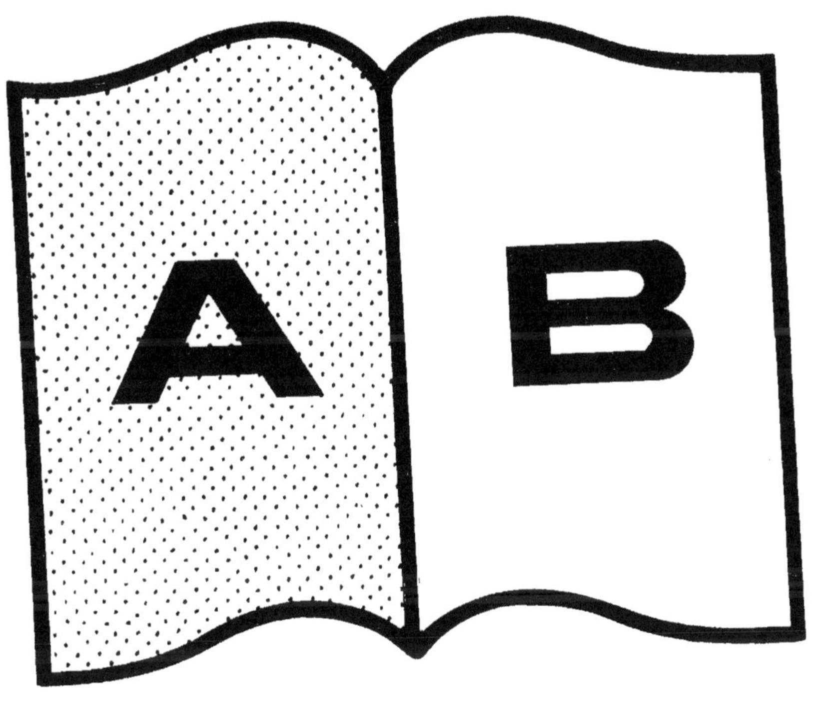
A
B